W0345661

Armin Jans

Wo in aller Welt gibts so was?

Spannende Familienandachten rund um den Globus

VLM-Hardcover
Bestell-Nr. 549 189
ISBN (10) 3-921113-89-X
ISBN (13) 978-3-921113-89-9

Hänssler-Hardcover
Bestell-Nr. 393.504
ISBN (10) 3-7751-3504-9
ISBN (13) 978-3-7751-3504-7

© Copyright 2006 Verlag der Liebenzeller Mission, 75378 Bad Liebenzell
Internet: www.vlm-liebenzell.de
E-Mail: vlm@liebenzell.org

Internet: www.haenssler.de
E-Mail: info@haenssler.de
Umschlaggestaltung: Krüger & Ko., Göppingen
Titelbild: Kinder: Mauritius. Die Bildagentur / Weltkugel: Bildarchiv Krüger & Co.
Fotos im Innenteil: Liebenzeller Mission / Armin Jans
Satz: Vaihinger Satz & Druck, Vaihingen/Enz
Druck und Bindung: Ebner & Spiegel, Ulm
Printed in Germany

Die Bibelstellen wurden, sofern nicht anders angegeben, zitiert nach Neues Leben.
Die Bibel, © Copyright 2002 und 2005 by Hänssler Verlag, D-71087 Holzgerlingen.

ecpa International Member of the
Evangelical Christian
Publishers Association

Vorwort

Wo in aller Welt

gibts so was ...

Wie

ein Mädchen aus Deutschland in Papua-Neuguinea knapp dem Tod entronnen ist ...

Wieso

ein Missionar in Afrika eine Million Kwacha in einer Bank vergessen hat ...

Warum

eine 20-köpfige Räuberbande in China auf Lösegeld verzichtete ...

Wer

sich sogar an Spinnen und Skorpione gewöhnt hat ...

Weshalb

ein Regenbogen Missionare in einer afrikanischen Kriegsregion getröstet hat ...

Was

einen Missionar in Japan mit Harry Potter verbindet ...

In diesem **Andachtsbuch** berichten Missionare und manchmal auch ihre Kinder von ihren Erlebnissen mit Gott. Sie verließen ihre Heimat, damit Menschen weltweit Gottes Liebe erleben. Beispielhaft für die vielen tausend Missionare der letzten Jahrhunderte kommen in diesem Andachtsbuch Mitarbeiterinnen und Mitarbeiter der Liebenzeller Mission[1] zu Wort.

Eins ist sicher – ihr werdet aus dem Staunen nicht mehr herauskommen.

So groß, so gut, so liebevoll, so mächtig, so heilig ist unser Gott!

Und wir sind seine Kinder!

So was gibts nur bei unserem Gott!

Armin Jans

---

[1] Die Liebenzeller Mission ist ein freies Werk innerhalb der evangelischen Kirche, das sich weltweit mit rund 220 Missionarinnen und Missionaren in 26 Ländern der Erde engagiert. Sie geben die Gute Nachricht von Gott weiter, gründen Gemeinden, schulen einheimische Christen und helfen in akuten Notlagen (www.wir-helfen-weltweit.de).

1

Ich will mich in Frieden
hinlegen und schlafen,
denn du allein, HERR,
gibst mir Geborgenheit.
Psalm 4,9

• »Igittigitt!« Eine fette Maus sprang aus dem Backofen und verschwand im Schlafzimmer! Morgens waren zwei Mäusefallen leer gefressen, aber keine Maus gefangen. Am nächsten Abend sahen wir sie hinter das Bett huschen. Im Schlafanzug stocherten mein Mann und ich mit Schrubber und Besen unter dem Bett herum, droschen wild auf eine leere Tasche ein und warfen diese zur Tür hinaus. Fehlanzeige! Dafür fanden wir schon wieder einen Skorpion im Flur.

Später traf ich die Maus im Bad, danach rumorte es lange im Schrank. Ich war verzweifelt und hatte genug von Mäusen mitsamt Skorpionen, Moskitos, Ameisen und Riesenspinnen. Am liebsten wollte ich für eine Weile abhauen und endlich wieder friedlich schlafen!

Da wurde mir aber etwas klar: Wenn Gott auf mich aufpasst, dann können mir kratzende Mäuse, gefährliche Skorpione und kläffende Hunde egal sein! Ich bat Gott um Hilfe und schlief von da an tatsächlich besser.

Jetzt weiß ich: Geborgenheit hängt nicht von meiner Umgebung ab, sondern kommt von Gott. Als allerdings nach ein paar Tagen die Katze auftauchte und gleich zwei Mäuse fing, waren wir auch nicht böse …

• Rita Mattmüller, Missionarin in Malawi •

Familie Mattmüller

Gebet:

Lieber Vater, danke, dass du immer auf uns aufpasst und wir bei dir völlig in Sicherheit sind.
Hilf uns bitte, dass wir nicht immer wieder Angst bekommen, sondern dir vertrauen. Amen.

Beschütze mich,
denn ich bin dir treu.
Rette deinen Diener,
der auf dich allein vertraut.
Du bist mein Gott.

Psalm 86,2

2

• Strahlend blau der Himmel und ebenso tiefblau leuchtet das Meer zurück. Nichts wie rein ins salzige Nass!

Wir waren für die Projektwoche unserer Internatsschule vom kühleren Hochland Neuguineas in die Küstenstadt Madang gereist. Die Fahrt ging über die Passstraßen hinunter in die Ramuebene und von dort über eine andere Bergkette nach Madang. Die Straße war nicht asphaltiert und wir wurden ordentlich durchgeschüttelt. In den Bergen gibt es auch viele Räuber und wir waren Gott dankbar, als wir ohne den obligatorischen Plattfuß und ohne Überfall in Madang ankamen.

Das Thema unserer Projektwoche lautete: Meer. Wir besuchten die Schule für Seefahrt und Ingenieurwesen in Madang und lernten etwas über die Ausbildung der Matrosen und Offiziere auf Schiffen. Gemeinsam mit Einheimischen gingen wir zum Fischen.

Die Kinder beim Tauchen

Und nun ging es per Kanu auf eine kleine Insel (ideal zum Schnorcheln). Unsere Schulleiterin musste uns natürlich noch über die Gefahren »aufklären«: Die giftigen Wasserschlangen, der Löwenfisch mit seiner Mähne und die Steinfische, die sich immer im Sand vergraben.

Ja, ja, wir bleiben schon in Gruppen zusammen …

Wow, war das Wasser klar, alles war ganz deutlich zu erkennen. Ein Seepferdchen! – Und hier ein Clownfisch, Papageienfische in allen Farben, die Korallen wurden langsam von der Strömung wie zu einer lautlosen Musik hin und her bewegt. Dort ein tiefblauer Seestern. Ich war begeistert von Gottes schöner Schöpfung. Solche violetten Korallen wie dort drüben …

He, halt, wer packte mich da?! Meine Lehrerin riss mich herum und zog mich ein Stück mit sich. Was sollte denn das? Ich wollte mich beschweren, als sie unter Wasser die Faust vor dem Bauch ballte, was so viel wie »Gefahr« bedeutet. Nachdem wir an der Oberfläche angekommen waren, erklärte sie: »Mensch, Amelie, ein Steinfisch kam gerade auf deinen Kopf zugeschwommen!« »Wie das, die graben sich doch sonst im Sand ein?« »Der nicht, der war nur noch Zentimeter von dir entfernt. Stell dir vor, er hätte dich gestochen, du hättest auf dieser abgelegenen Insel keine Chance gehabt!«

Nach dem ersten Schreck konnte ich einfach nur Gott danken, dass er so toll auf mich aufgepasst hatte.

• Amelie Bredow, Tochter eines Missionars in Papua-Neuguinea •

Gebet

Gebet:

Lieber Vater im Himmel, danke, dass du immer bei uns bist und auf uns Acht gibst. Amen.

Wenn ich sitze oder wenn ich aufstehe, du weißt es.
Du kennst alle meine Gedanken.

Psalm 139,2

3

Verständigungsschwierigkeiten.

• Eines Tages sollte unsere Köchin Elisabeth frische Papayas kaufen. Ich erklärte ihr ganz stolz in der eben erlernten bengalischen Sprache, was ich wollte. Zu dumm nur, dass sich die Worte »Frucht« und »Blüten« fast gleich anhören.

Eigentlich hätte ich ahnen können, dass ich irgendwas verwechselt hatte, denn sie sah mich an, als ob sie nur »Bahnhof« verstehen würde.

Das Ergebnis: Als sie zurückkehrte, hatte sie eine Hand voll Papaya-Blüten in der Hand. Ich schaute sie ganz entgeistert an; ich wollte ja eine Frucht haben und nicht Blüten! Daraufhin erklärte sie mir, dass Frucht »Phol« und Blüte »Phul« heißt und was der kleine Unterschied zwischen beiden Worten ist. Wir lachten beide herzhaft miteinander …

Und wieder einmal merkte ich, dass es gut ist, wenn man lernt, über sich selbst und seine Fehler lachen zu können.

Papaya

P.S: Auch die Blüten kann man essen, aber sie schmecken nicht so aufregend!

• Angela Peußer,
Missionarin in Bangladesch •

Gebet

Gebet:

Herr, danke, dass du uns verstehst, egal welche Sprache wir sprechen. Danke, dass du mit uns lachst und dass du diese Welt so schön gemacht hast. Danke, dass du alle Menschen liebst, egal, aus welchem Land sie kommen. Hilf mir, heute allen Menschen mit deiner Liebe zu begegnen. In Jesu Namen, Amen.

4

Lass dich nicht vom Bösen überwinden,
sondern überwinde das Böse durch das Gute!

Römer 12,21

• Es war spät am Abend. Die Mitglieder der japanischen Familie lagen bereits unter den Wattedecken. Außer dem Hausvater Hirotaro schliefen alle. Dieser hörte plötzlich an den Ladentüren ein leichtes Geräusch. »Die Mäuse sind im Schutz der Nacht wieder unterwegs«, dachte er.

Doch das »Nagen« wurde immer stärker. Es war einfach nicht möglich einzuschlafen.

So stand Hirotaro auf und schaute vorsichtig zur Ladenwand an der Veranda des Hauses. Dort sah er, wie sich ein kleiner schwarzer Gegenstand hin- und herbewegte. Er erkannte erschreckt, dass das »nagende« Geräusch von einer kleinen Säge verursacht wurde.

Langsam schlich er näher und beobachtete, wie von unbekannter Hand ein rundes Loch in die dünne Ladenwand gesägt wurde. Schon fiel das runde Holzstück heraus und eine große schwarze Hand schob sich herein, um die Verriegelung der Tür zu öffnen. Hirotaro packte mit beiden Händen herzhaft zu und schrie: »Halt – böser Kerl! Hier kommst du nicht mehr fort.« Leise flüsterte er einem Familienmitglied, das herbeigeeilt war, etwas ins Ohr. Alles Rütteln und Stöhnen des Einbrechers half nichts. Seine Hand saß fest. Kurz darauf brachte ihm jemand von seinen Angehörigen das Gewünschte. Er drückte dem Einbrecher zwei 1000-Yen-Geldscheine in die Hand und ließ im gleichen Augenblick die Hand mit einem Ruck los. Er strahlte dabei über das ganze Gesicht. – Nach drei Tagen fand die Geschichte ihren Fortgang, als das Dienstmädchen in den Schuppen ging. Zu ihrer Überraschung hing dort ein großer gesalzener Fisch an einem Balken – dies war das Geschenk des Einbrechers an Hirotaro.

Der Einbrecher in dieser Geschichte, die ein namhafter japanischer Schriftsteller erzählt, hat erlebt, was Liebe bewirken kann. So stellt Jesus sich das vor, wenn er sagt: »Liebt eure Feinde!«

• Victoria + Wilfried Dehn,
Missionare in Japan •

Gebet:

Danke, Jesus, dass du uns zuerst geliebt hast – so sehr, dass du für uns gestorben bist. Bitte hilf uns, diese Liebe anderen weiterzugeben. In deinem Namen. Amen.

Ich freue mich so

Originaltitel: Ami dauder mot gan gae

Text und Melodie: aus Bangladesch / Asien
Deutsch: Armin Jans

2. Gott ist der Stärkste, das heißt, dass er gewinnt. Ich bin glücklich und ich sing ihm dies Lied.

3. Gott hilft mir gerne, ich bin niemals allein. Ich bin glücklich und ich sing ihm dies Lied.

© (Deutscher Text) 2004 Hänssler Verlag, D-71087 Holzgerlingen

Ihr erkennt sie an ihrem Verhalten,
so wie ihr einen Baum an seinen Früchten erkennt.
An Dornbüschen wachsen keine Trauben
und an Disteln keine Feigen.
Ein gesunder Baum trägt gute Früchte,
ein kranker Baum dagegen schlechte.

Matthäus 7,16+17

• Ich wohnte 1934 in Chihkiang. In unserem Garten stand ein Feigenbaum. Wir pflückten gerne die saftigen und süßen Früchte. Sie waren ein Genuss.

Doch plötzlich fing der Baum an zu kränkeln. Die Blätter wurden welk und die meisten Früchte wurden nie reif.

Die Ursache: Ein Wurm war in das Mark des Baums eingedrungen und trieb dort sein Unwesen.

In einer Sonntagspredigt erwähnte Missionar Becker diesen Baum. Nach der Predigt kam unser Wasserträger, der »pockennarbige Shu« (so wurde er genannt), und sagte:

»Missionar, bei mir ist es wie bei dem Feigenbaum. Ein Wurm sitzt in meinem Herzen. Doch nun muss er heraus! Von nun an will ich von ganzem Herzen an Jesus glauben und ihm nachfolgen.«

• Schwester Magdalena Rösti, Missionarin in China •

Feigenbaum mit Frucht

Gebet:

Mächtiger Vater, bitte nimm uns alles weg, was unser Herz kaputt macht. Vergib uns, was in deinen Augen nicht gut war. Gib uns wieder ein reines Herz. Danke dafür. Amen.

Vor langer Zeit hat Gott oft und auf verschiedene Weise durch die Propheten zu unseren Vorfahren gesprochen, doch in diesen letzten Tagen sprach er durch seinen Sohn zu uns.

Hebräer 1,1+2

• Diese Schnitzerei hat es mir wirklich angetan. Eine selten schöne Schlitztrommel. Aber der Preis hat es auch in sich. Als mein Gegenüber merkt, dass ich die Handelssprache Pidgin spreche, geht er mit dem Preis etwas herunter. Aber das genügt mir nicht. Ich lege die Trommel wieder hin und gehe etwas weiter, komme wieder zurück, und der Preis sinkt noch einmal. Vom Stil her errate ich, dass der Künstler aus dem Sepikgebiet kommt. Ich frage ihn nach seinem Heimatort, denn in der Gegend bin ich schon oft gewesen. Ich drehe das gute Stück noch einmal in der Hand, runzele die Augenbraue über einem kleinen Schönheitsfehler. Der Mann seufzt kunstvoll, gibt noch eine Kleinigkeit nach. »Das ist mein Preis«, meint er schließlich – »Tok i dai!« Nun sind wir an der Grenze angekommen. »Tok i dai« – »Talk is dead!« (wörtlich: »Die Rede ist gestorben«), ist eine Redewendung, die nur im Sepik gebräuchlich ist. Die Verhandlung ist zu ihrem Ende gekommen. Billiger verkauft er nicht – und ich bin gewarnt. Bisher war es ein Feilschen, an dem wir beide unseren Spaß hatten. Nun geht es um die Entscheidung. Es gibt nichts mehr zu bereden. Nimm's oder lass es sein. Jetzt wird es ernst.

Ähnlich drückt es der Hebräerbrief aus – immer und immer wieder hat Gott zu Menschen geredet. Aber dann kam Jesus und mit ihm Gottes letztes Wort. Es gibt nichts mehr dazu zu sagen. Das ist Gottes endgültiges Wort, und er hat sich in Jesus selbst auf den Weg gemacht, um es uns zu bringen. Es liegt nun bei uns – akzeptieren oder ablehnen. Aber es ist sinnlos auf eine neue Offenbarung zu warten. Da ist nichts, was es überbieten kann. Amen – so ist es!

• René Bredow,
Missionar in Papua-Neuguinea •

Gebet:

Himmlischer Vater, danke für dein letztes Wort in Sachen Erlösung an uns. Hilf uns, das anderen Menschen gut zu erklären. Mach uns Mut, heute von dir zu reden. Amen.

Niemand kann zwei Herren dienen.
Immer wird er den einen hassen
und den anderen lieben oder
dem einen treu ergeben sein
und den anderen verabscheuen.
Ihr könnt nicht gleichzeitig Gott
und dem Geld dienen.
Matthäus 6,24

7

• »Einmal Rindfleisch, einmal Schinken, mittlere Größe«, gab ich meine Bestellung in der kleinen Pizzeria in Taichung/Taiwan auf. Um die Wartezeit zu überbrücken, setzte ich mich an eines der Tischchen und blätterte in der Tageszeitung. Der Mann, der am Nachbartisch Platz nahm, stellte sich mir als Chef der Pizzeria vor und fragte mich, aus welchem Land ich käme und was ich in Taiwan beruflich machte. Nach drei Sätzen wusste er, dass ich Missionar bin.

Er begann, mir von seinen religiösen Überzeugungen zu erzählen. Er erklärte mir mit Raucheratem und lauter Stimme, dass er nur an Chai-Shen glaube. Chai-Shen – das sei der chinesische Name für den Mammon, den Gott des Reichtums.

Bei seinen Ausführungen über seinen »Gott« schlug er bei einer unterstreichenden Geste etwas unsanft mit seiner linken Hand an die Tischkante. Mit liebevoller Bewegung griff er nach seiner schweren, importierten Uhr. Sie war doch nicht beschädigt? Geld, das war ihm das Wichtigste. Deshalb hatte er mehrere Lokale in der Stadt. Deshalb handelte er auch mit teuren Gemälden. »Hier, bitte! Ihre Pizza!« Wir werden das Gespräch bei der nächsten Gelegenheit weiterführen.

Und was ist uns das Wichtigste?

• Jürgen Grodde,
Missionar in Taiwan •

asiatische Münzen

Gebet

Gebet:
Herr Jesus, hilf uns, dich mehr zu lieben als allen unseren Besitz. Du bist der Wichtigste. Amen.

8

Vergesst nicht, Gutes zu tun und mit den anderen zu teilen, denn über solche Opfer freut sich Gott.

Hebräer 13,16

• Wir waren in einer kleinen Dorfgemeinde zum Gottesdienst eingeladen. Während des Singens wurde ich auf einen kleinen Jungen aufmerksam. Er blickte immer wieder verwundert und staunend um sich. Da wir als Gäste der Gemeinde gegenüber von ihm saßen, hatte ich ihn direkt im Blick. Er passte so gar nicht in diese schön gekleidete Sonntagsgesellschaft. Seine Hände waren damit beschäftigt, den ständig rutschenden Stofflumpen um seine Hüfte zu knoten. Das zerrissene Oberteil musste wohl einmal ein Hemd gewesen sein, von dem jedoch kaum mehr als Löcher übrig geblieben waren. Die Menschen neben ihm schienen ihn gar nicht wahrzunehmen. In ihrer farbenprächtigen Kleidung tanzten sie fröhlich klatschend zu den Liedern des Chores.

Danach sprach jemand ein Gebet und die Predigt begann. Irgendwie gelang es mir an diesem Tag jedoch nicht, mich auf das Gesagte zu konzentrieren. Immer wieder wanderte mein Blick zu dem kleinen Jungen. Es war mir ein Rätsel, wie es sein konnte, dass in dieser recht ansehnlichen Gesellschaft ein Kind saß, das nichts anzuziehen hatte – und niemand schien sich darüber auch nur Gedanken zu machen. Nach dem Gottesdienst kämpfte ich innerlich. Sollte ich meine Bluse, die ich über dem Kleid trug, ausziehen und dem Jungen schenken? Die wäre doch viel zu groß und außerdem tut man so etwas in Malawi nicht!

So sind wir nach Hause gefahren. Im Nachhinein musste ich denken, dass die Größe der Bluse vielleicht gar nicht so wichtig gewesen wäre. Vielleicht hätte dieses Geschenk dem Jungen etwas gegeben, was er eigentlich noch viel dringender gebraucht hätte als ein Kleidungsstück – ein wenig Zuwendung und Liebe.

Bis heute habe ich dieses Kind nicht vergessen und auch nicht seine Not!

• Veronika Urschitz, Missionarin in Malawi •

Gebet:

Lieber Herr, wir möchten offene Augen haben für Menschen um uns, die in Not sind. Gib uns die Bereitschaft gerne zu helfen. Amen.

9

Fürchte dich nicht!
Lass deine Hände nicht mutlos sinken!
Der Herr, dein starker Retter, ist bei dir.
Zefanja 3,16+17

• »Vulkan bei Tokio bebt wieder und spuckt Asche! Einer der aktivsten Vulkane Japans, der Mount Asama, ist wieder ausgebrochen. In der vergangenen Woche kam es an fünf Tagen zu Eruptionen. Auch in Tokio regnete es Asche.« So war bei uns in Hessen in einer kleinen Zeitungsnotiz zu lesen. Da kamen Erinnerungen auf …

Meine erste Begegnung mit dem Asamayama (so heißt der Berg auf Japanisch) war im Sommer 1966. Im November des Vorjahres war ich als Verlobte eines Missionars nach Japan gekommen. Damals reiste man noch mit dem Schiff und brauchte 33 Tage, um in das Land der aufgehenden Sonne zu gelangen.

Vieles war neu und fremd: die Menschen, die Sprache, das Essen, die Häuser, die Sitten und Gebräuche. An vielen Dingen hatte ich Freude. Aber gleichzeitig machten mir verschiedene Dinge in Japan Angst:

Die Erdbeben: Es ist etwas anderes darüber zu lesen oder sie selbst zu erleben. Und die Erde bebte 1965/66 sehr oft. Nicht immer stark, aber man weiß nie, wie es ausgeht.

Die Taifune: Regen und Orkane, die Dächer wegreißen und alles mitnehmen, was ihnen in den Weg kommt.

Die Vulkane: Der Asama-Berg ist nicht der einzige Vulkan Japans, aber er war uns am nächsten. Damals war ich Abend für Abend ganz allein in einem Ferienhäuschen am Fuße des Asamayama. So viel Angst und so viele Träume mit ausbrechenden Vulkanen wie in diesem Sommer habe ich später nie wieder gehabt. Es kostete jeden Abend große Überwindung, das Häuschen aufzuschließen und von den großen schwarzen Nachtfaltern sowie anderem unbekannten Ungeziefer begrüßt zu werden. Wieder eine ganze Nacht allein mit Erdbeben und Vulkan …

Gottes Versprechen haben mir in diesen Tagen entscheidend geholfen, trotz Angst zu schlafen. Ich vertraute darauf, dass Gott bei mir ist. Im Gebet sagte ich ihm meine Angst.

• Ursula Engelmohr, Missionarin in Japan •

Gebet:

Starker Herr und Gott, bei dir sind wir in guten Händen. Bitte pass heute gut auf uns auf. Und gib uns den ganzen Tag das Bewusstsein, dass du bei uns bist. Amen.

Der rauchende Asama
Bild: Volcanic Fluid Research Center Tokyo

Aktions

Alltagsmissionar sein

Die wenigsten Menschen hören direkt über einen »Profi« (Missionar, Pastor …) von Gott, sondern durch ihre Eltern, Großeltern, Geschwister oder Freunde. Es haben nicht nur Missionare die (Auf-)Gabe bekommen, anderen von Jesus zu erzählen!

Aber wie?

Gott erwartet von uns keine großen Aktionen. Er führt auch keine Statistik, wie vielen Menschen wir schon von Gott weitergesagt haben. Er möchte nur, dass wir unser Leben nach dem Motto leben:

»Liebe den Herrn, deinen Gott,

von ganzem Herzen, mit ganzem Willen,

mit deiner ganzen Kraft und deinem ganzen Verstand!

Und: Liebe deine Mitmenschen wie dich selbst!«

(Lukas 10,27) Den Rest schenkt er!

Konkret:

Wir sind mit unserem Charakter und unseren Gaben von Gott wundervoll geschaffen. Als Familie kennt ihr euch sehr gut und könnt gemeinsam überlegen, welche Begabungen und Wesenszüge bei jedem von euch vorhanden sind. Beispiele dazu:

seite

- Wer gerne backt, kann seine Nachbarn und Freunde immer wieder zum gemeinsamen Backen und Kuchenessen einladen oder andere mit Gebäck-Geschenken erfreuen.
- Wer gerne Filme schaut, kann zu Filmabenden seine Freunde einladen.
- Wer gut lernen kann, kann Klassenkameraden helfen, die nicht so gut sind.
- Wer eine besondere Liebe für hilflose Menschen hat, kann sich um die Außenseiter kümmern.
- Wer gerne arbeitet, kann durch gute Qualität und einen vorbildlichen Arbeitsstil überzeugen.

Funktioniert das?

Wie hat eigentlich Jesus den Menschen von Gott weitergesagt? Er begegnete einzelnen Menschen – und aus dieser Begegnung ergaben sich tief greifende Gespräche. Wir lernen daraus: Es ist wichtig, dass wir bei Begegnungen Räume für tief greifende Gespräche schaffen (nach dem Sport, beim Kaffeetrinken, während der Lernhilfe oder mit Geschäftspartnern). Tatsache ist, dass alle Menschen darauf angewiesen sind, dass ihnen jemand Gott »vorstellt«.

Nicht allein!

Gott schenkt uns Gelegenheiten über ihn zu sprechen. Er gibt uns den Mut zum Reden und dazu noch die richtigen Worte. Wir sind nicht allein! ER ist bei uns!

• Anette Gerst, Tochter von Missionaren in Japan •

10

Wir danken Gott, der uns durch Jesus Christus, unseren Herrn, den Sieg über die Sünde und den Tod gibt!

1. Korinther 15,57

• Es war auf unserer ersten Missionsstation in Papua-Neuguinea. Die Station Ilahita lag mitten im Urwald. Frische Nahrungsmittel gab es fast nie. Da wir hauptsächlich von Konserven leben mussten, hatten wir uns einige Hühner angeschafft. Frische Eier bereicherten den Speiseplan. Und ab und zu ein Huhn schlachten – das war etwas ganz Besonderes.

Eines Nachts, die Petroleumlampen waren gelöscht und wir waren schon lange schlafen gegangen, da bemerkten wir eine Unruhe im Hühnerhaus. Die Hühner flatterten wild durcheinander. Ich griff nach meiner Taschenlampe und kroch unter dem Moskitonetz hervor. Als ich vor das Haus kam, war auch schon Kwai, unser Hausangestellter, da. Obwohl die Einheimischen einen sehr tiefen Schlaf haben, wurde auch er von dem Gegacker und Geflatter der Hühner wach. Wir gingen beide zum Hühnerhof und schlichen um das Hühnerhaus. Da entdeckten wir auch schon, was geschehen war. Eine riesige Schlange hat ein loses Brett weggedrückt und war durch das Loch ins Hühnerhaus eingedrungen. Ich rannte sofort zurück ins Wohnhaus und holte mein großes Buschmesser. Kwai stellte sich mit dem Buschmesser an die Tür. Ich versuchte, mit der Taschenlampe die Schlange zu blenden und in die Nähe der Tür zu locken. Es gelang. Mit einem gezielten Hieb konnte Kwai die Schlange besiegen, noch ehe sie ein Huhn verschlingen konnte.

Jesus, der Sohn Gottes, hat am Kreuz auf Golgatha auch den Satan besiegt, damit wir leben können.

• Dieter Volz,
Missionar in
Papua-Neuguinea •

Die Schlange im Hühnerhaus

Gebet

Gebet:

Herr, lass mich heute gelassen und furchtlos an deiner Hand durch den Tag gehen. Amen.

Doch der Sohn Gottes kam, um die Taten des Teufels zu vernichten.

1. Johannes 3,8

11

• Die Schlange im Hühnerhaus war tot. Damit die Hühner wieder zur Ruhe kommen konnten, zogen wir die Schlange aus dem Hühnerhaus und ließen sie auf dem Rasen liegen. Am nächsten Morgen wollten wir sie vergraben. Sie war riesig, über 3 Meter lang und so dick wie der Oberarm eines ausgewachsenen Mannes. Da lag sie nun im Gras. Sie hatte verloren. Und wir gingen wieder schlafen.

Am nächsten Morgen kam unser Mitarbeiter Kwai schon sehr früh aufgeregt zu uns: »Die Schlange ist weg!« – »Was? Das kann doch nicht sein!«

Hatte sie jemand, für den Schlangenfleisch eine Delikatesse ist, mitgenommen?

Wir schauten uns den Platz, an den wir die Schlange gelegt hatten, noch etwas genauer an. Im Gras konnten wir verfolgen, dass sie sich noch einige Meter in Richtung Urwald weiterbewegt hatte. Hier lag sie nun. Wie konnte das geschehen sein?

Antwort: Die letzte Kraft, die in ihr war, hatte sich aufgebäumt. Doch dieses Aufbäumen war schnell zu Ende gewesen.

Für uns wurde das zum Bild. Jesus, der Sohn Gottes, hat die Arbeit des Satans zerstört. Sein Wüten und Toben, wie wir es heute sehen und erleben, ist nur das letzte Aufbäumen und bringt ihn nicht mehr weit.

• Dieter Volz, Missionar in Papua-Neuguinea •

Gebet

Gebet:

Herr Jesus, ich danke dir, dass du die Werke des Teufels zerstört hast. Ich danke dir, dass du gesiegt hast, dass du über mir wachst und mich auch heute fest hältst. Amen.

12

Wer dich bittet, dem gib, was du hast.
Lukas 6,30a

• Als wir auf den Chuukinseln ankamen, lernten wir die Bewohner und ihre Gewohnheiten nach und nach kennen.

Die nackte Erde, vielleicht mit Palmblättern bedeckt, genügt dem Insulaner, wenn er nur durch ein Dach über sich vor Sonne und Regen Schutz hat. Da hocken sie im Kreise zusammen und essen. Gewöhnlich bleiben die Speisereste liegen. Das Aufräumen besorgen die Hühner, die Hunde und die Schweine.

Als Essbesteck dienen den Insulanern ihre »fünfzinkigen Gabeln«, ihre Hände. Sind sie mit dem Essen fertig, werden die Finger recht tief in den Mund gesteckt, die Lippen darüber zusammengepresst und die Finger wieder herausgezogen – fertig ist das Abwaschen.

Als Teller dienen ihnen die Blätter des Brotfruchtbaums. Bei jeder Mahlzeit können sie so neues Geschirr benützen …

Mit ihrer einfachen Lebenshaltung kennen sie auch kein Hasten und Eilen.

Könnten wir hier nicht etwas von ihnen lernen?

Etwas anderes möchte ich nicht unerwähnt lassen: Sie gaben – trotz ihrer Armut – gern von ihrer Habe an andere Menschen ab. Einen ausgeprägten Geiz gab es offensichtlich nicht …

Da kann man noch was lernen!

• Karl Becker, Missionar in Mikronesien (1930) •

Karl Becker mit Kindern 1911 auf Chuuk

Gebet

Gebet:

Herr, bitte hilf mir
heute nicht geizig zu sein.
Hilf mir Großzügigkeit zu lernen.
Du hast mir das ja selbst vorgelebt.
Danke, dass du mir
so viel geschenkt hast. Amen.

Du hast alles in mir geschaffen
und hast mich im Leib
meiner Mutter geformt.
Ich danke dir, dass du mich
so herrlich und ausgezeichnet
gemacht hast!
Wunderbar sind deine Werke,
das weiß ich wohl.

Psalm 139,13+14

13

Ich glaub', ich spinne ...

• Im Sommer 2004 sind wir von Burundi nach Sambia umgezogen. Mein Papa, Missionar Jürgen Wiegel, hat dort – mitten im sambischen Busch – eine neue Aufgabe übernommen.

Beim Einzug in unser vorläufiges Haus fielen mir sofort unsere neuen Mitbewohner auf. Sie sind schon vor uns da gewesen. Ich, Marlena (damals acht Jahre alt), mag sie eigentlich ganz gern. Sie sind hier viel größer als sonst wo. Sie haben Beine wie Streichhölzer. Und wenn sie wegrennen, komme ich kaum hinterher. Auch mein Papa hat alle Mühe sie einzufangen. Meine Mama kann sie überhaupt nicht ausstehen und fürchtet sich vor ihnen.

Ihr habt sicher schon erraten, wovon ich rede: Riesige Spinnen im Schlafzimmer – ich glaub', ich spinne!

Auch Spinnen sind Gottes Geschöpfe

Gott hat die ganze Welt geschaffen! Und Spinnen waren mit von der Partie. Sie gehören dazu. Ob sie nun riesig sind oder klein, behaarte Beine haben, ein Kreuz auf dem Rücken tragen oder eher schlank und streichholzartig aussehen.

Sicher ist: Auch wenn mir nicht jede Kreatur gefällt, ist sie doch ein Teil der guten Schöpfung Gottes. Davor habe ich Respekt und danke Gott. Du auch?

• Marlena, Tochter von Jürgen + Monika Wiegel, Missionare in Burundi und Sambia •

Gebet:

Herr, ich danke dir für deine gute Schöpfung. Ich danke dir für … Und ich danke dir, dass du mich auch wunderbar gemacht hast. Einfach so, wie ich bin. Amen.

14

Eure Liebe zueinander wird der Welt zeigen, dass ihr meine Jünger seid.
Johannes 13,35

• Während meines Heimataufenthalts gab ich meinen Hund Lea meiner Aerobiclehrerin in Pflege. Als ich Lea wieder abholte, sagte sie mir:

»Tanja, jeder im Ort kennt dich und Lea« (Bei 23.000 Einwohnern fand ich das etwas übertrieben, aber Andalusier[2] übertreiben gerne.) »Oft gingen wir spazieren und plötzlich rief jemand ›Lea!‹ und meinte dann: ›Gell, das ist der Hund von Tanja?‹«

Sie folgerte daraus: »Tanja, die haben dich echt gerne, weißt du das? Ich glaube, du lebst wirklich, was du glaubst. Das ist toll!«

Natürlich habe ich mich gefreut zu hören, dass Jesus unter den Gemeindemitgliedern sichtbar ist und Lea sich als wahrer Missionshund entpuppt.

Wie wir Christen miteinander umgehen, voneinander reden, uns helfen und lieb haben, ist die beste Predigt, die man halten kann. Daran sehen Menschen, wie Gott ist! Das ist nicht immer einfach und es ist die Lieblingsbeschäftigung des Satans, Streit in die Gemeinde zu bringen, deshalb dieses Gebet:

Gebet

Gebet:

Lieber Gott, du bist die Liebe in Person. Hilf uns, so zu lieben wie du uns liebst, d.h. dass wir einander vergeben, Geduld miteinander haben, uns gegenseitig helfen und Mut machen, uns zusammen freuen und gemeinsam weinen. In deinem Namen, Amen.

• Tanja Bratzler, Missionarin in Spanien •

Tanjas Hund Lea

[2] Andalusien ist eine Landschaft in der Mitte Spaniens.

15

Du erhörst unsere Gebete,
deshalb kommen die Menschen zu dir.

Psalm 65,3

• Nambuei, unsere Haushaltshilfe auf der Insel Manus, hatte Feierabend und verabschiedete sich fröhlich. Am nächsten Tag war sie wirklich lustlos bei der Arbeit. Immer wieder musste man nacharbeiten. Was war nur los? Fast überlegte ich mir, ihr gründlich den »Kopf zu waschen«. Wie konnte sie nur so gedankenlos bei der Arbeit sein?

Plötzlich stand sie schluchzend vor mir. War jetzt etwa noch etwas kaputtgegangen? Nambuei ließ mich gar nicht zu Wort kommen, sondern erzählte unter Tränen, dass Ruth, ihre Tante, für vier Wochen ins Hochland von Papua-Neuguinea fliegen wollte. Ich konnte mir nicht vorstellen, dass der Abschiedsschmerz so groß war. Aber sie erzählte gleich weiter, dass ihre Tante kurzerhand erklärt hatte, dass sie Nambueis kleinen Sohn Koitut mitnehmen wollte.

Tante Ruth hatte einfach schon warme Kleidung, Babymilch und ein Fläschchen eingekauft. Nambuei war verzweifelt, sie stillte ihr Baby noch.

Was sollte sie tun? In ihrer Kultur ist es leider so, dass die Tante in Sachen Erziehung das Sagen hat. Was sollte ich tun? Sollte ich mich einmischen, in die Stadt fahren und die Tante zur Rede stellen? Für Nambuei war von ihrer Tradition her klar: Einer Tante widerspricht man nicht. Ich war hilflos, was konnte ich Nambuei raten? So setzten wir uns zusammen und beteten dafür.

Für den nächsten Tag nahm Nambuei sich frei, um mit an den Flughafen zu gehen. Sie wollte die vorläufig letzten Stunden mit ihrem Kind genießen. Wir beteten dafür, wussten aber nicht, was Gott tun würde.

Am Spätnachmittag kam eine strahlende Nambuei zurück. Was war passiert?

Das Flugzeug war defekt und musste in einer anderen Stadt repariert werden. Es kam nicht und alle Passagiere mussten wieder nach Hause. Der Flug sollte erst am nächsten Tag sein, allerdings mit einer Zwischenlandung inklusive einer Übernachtung in einer Küstenstadt. Tante Ruth war das zu dumm und umständlich. Sie meinte, mit einem Baby sei diese Reise zu anstrengend. Wir atmeten auf, freuten uns mit Nambuei und dankten Gott für die Erhörung des Gebets.

• Elisabeth Bredow,
Missionarin in Papua-Neuguinea •

Gebet:

Lieber Vater im Himmel, vielen Dank, dass du unsere Gebete hörst und zur rechten Zeit erhörst. Amen.

Ein typisches Flugzeug für Inland-Flüge in Papua-Neuguinea

Dann könnt ihr gemeinsam mit einer Stimme Gott,
den Vater unseres Herrn Jesus Christus,
loben und ehren. Nehmt einander an,
wie Christus euch angenommen hat,
denn dadurch wird Gott geehrt.
Römer 15, 6+7

16

Rotkäppchen wurde nicht gefressen ...

• Es war an einem ganz normalen, gar nicht märchenhaften Sonntag, als »Rotkäppchen« sich zum ersten Mal im Gottesdienst blicken ließ. »Rotkäppchen«, so nannte ich die junge, stilvoll gekleidete Dame mit ihrer feuerroten Kopfbedeckung. Im Meer der unbedeckten schwarzhaarigen Köpfe konnte sie nicht stärker auffallen. Während des ganzen Gottesdienstes behielt sie ihre Mütze auf. Gemeindeglieder neben ihr halfen, die Bibel und das Gesangbuch an der richtigen Stelle aufzuschlagen. Wie »Rotkäppchen« in die Veranstaltung gefunden hatte, weiß ich nicht. Auch nicht, woher sie kam und ob jemand sie mitgebracht hatte. Sie war da. Das war gut.

Am nächsten Sonntag das gleiche Bild: 249-mal schwarz, einmal rot. Wochen später besuchte ich wieder den Gottesdienst dieser Gemeinde. »Rotkäppchen« fehlte! War sie doch noch vom »bösen Wolf« einer lieblosen Kritik gefressen worden? Zum Glück nicht! Sie war da – aber ohne Mütze. Am Ausgang stand sie mit anderen jungen Frauen zusammen. Sie kicherten miteinander. Heute ist Frau Lin, so heißt »Rotkäppchen«, ein treues Gemeindeglied. Wenn es etwas zu dekorieren gibt, wird sie um Rat gefragt. Sie hat Geschmack. Und sie hat eine Heimat bei Gott gefunden.

• Jürgen Grodde,
Missionar in Taiwan •

Jürgen Grodde

Gebet

Gebet:

Herr Jesus, hilf uns, jeden Menschen ohne Bedingungen anzunehmen.
Wir wünschen uns so sehr, dass viele Menschen sich in unserer Umgebung und unseren Gemeinden mehr und mehr zu Hause fühlen. Amen.

Denn er befiehlt seinen Engeln,
dich zu beschützen, wo immer du gehst.
Psalm 91,11

17

• Fünf Jahre lang lebten wir in Jessore, einer Stadt im Südwesten von Bangladesch. Das Grundstück, auf dem wir wohnten, lag am Rande der Stadt. In Bangladesch ist es die Regel, dass man einen »Nightguard« (Nachtwächter) anstellt. Natürlich schlafen die auch oft. Das gehört dazu. Sie sind ja auch nur Menschen …

Eines Nachts, gegen zwei Uhr, klopfte unser Nachtwächter an unser Fenster. Schlaftrunken ging ich ans Fenster und fragte, was los sei. Leise flüsterte der Nachtwächter mir zu: »Vor dem Haus steht eine Gruppe Männer mit langen Schwertern!« Dann verschwand er in der Dunkelheit und ließ uns allein.

Die schlimmsten Gedanken schossen mir durch den Kopf: Was wird sich in den nächsten Minuten abspielen? Was wird mit Frau und Kind? Ich weckte meine Frau und schilderte ihr die Situation. Wir bekamen es natürlich beide mit der Angst zu tun. Doch dann kam uns das Versprechen Jesu in den Sinn: »Siehe, ICH bin bei euch alle Tage bis an der Welt Ende.« Heidemarie und ich fielen auf die Knie und baten Gott um seinen Schutz in dieser kritischen Situation: »Herr, sende deine Engel und bewahre uns!«

Nach einigen Minuten des Gebets ging ich ans Fenster und schaute, ob die Männer noch da standen. Ich traute meinen Augen nicht. Es war niemand mehr zu sehen! Wie erleichtert waren wir und dankten Gott für seine gnädige Bewahrung in dieser Nacht.

• Heinz und Heidemarie Mack,
Missionare in Bangladesch •

Gebet

Gebet:
Es ist nicht selbstverständlich, Herr, dass wir bewahrt bleiben. Aber es ist dein Geschenk, wenn das so ist. Danke, dass du in allen Situationen bei uns bist! Amen.

asiatisches Schwert

18

HERR, welche Vielfalt hast du geschaffen!
In deiner Weisheit hast du sie alle gemacht.
Die Erde ist voll von deinen Geschöpfen.
Psalm 104,24

• Ein Freund in Guam, Ed Poppe, wollte Material für die im Taifun zerstörte Antenne der Radiostation liefern. Um das Material nach Yap zu bekommen, musste es jedoch mit der Luftfracht geschickt werden. So machte sich Ed auf, das Material zu verschicken. Im Büro der Frachtfirma angekommen, füllte er die Papiere aus und ging an den Schalter. »Es tut mir leid, Mister Poppe, Sie sind uns nicht als Kunde bekannt. Wir können Ihre Sachen nicht verschicken.«

Mit einer solchen Reaktion hatte Ed nicht gerechnet. Er versuchte es mit der Adresse seines Fischer-Clubs. Ging nicht. Die Adresse der Bibelschule auf Guam. Auch nicht. Die Adresse der Liebenzeller Mission. Fehlschlag.

Niedergeschlagen ging Ed zurück zu seinem Auto. Wer könnte ihm helfen? Noch nicht ganz beim Auto angekommen, hörte er plötzlich seinen Namen. Er drehte sich um. Ein Jugendfreund seines Sohnes stand hinter ihm. Nach einigen: »Wie geht's?«, »Was macht die Familie?«, schilderte Ed dem Freund sein Leid. Der lachte nur: »Ed, die kennen dich vielleicht nicht, aber ich bin denen bekannt!« – »Was meinst du damit?«, fragte Ed. »Ganz einfach, ich bin der Manager hier!«

Noch ehe Ed richtig realisiert hatte, was vor sich ging, hatte er schon die gewünschten Papiere in der Hand. Der Mitarbeiter sagte nur noch: »Nachdem unser Manager sich Ihrer Dinge angenommen hat, bekommen Sie auch seine Prozente!«

• Dana + Daniel Sick,
Missionare auf Yap
(Mikronesien) •

Familie Sick

Gebet

Gebet:
Danke, Herr Jesus! Amen.

19

**Gott, deine Wege sind heilig.
Gibt es einen Gott,
dessen Macht der deinen gleichkommt?**

Psalm 77,14

Tut Gott heute noch Wunder?

• Es war im Frühling 1936. Die Saat war gepflanzt. Eine lange Hitzeperiode begann.

Dadurch wurde der Reis auf den Feldern gelb und drohte zu vertrocknen. Die chinesische Bevölkerung setzte Fastentage an und stellte Götzenstatuen auf die Felder. Diese sollten die Hitze spüren und Regen schicken, doch es half nichts. Es gab keinen Regen. Da kam die Stadtbehörde zu uns mit der Bitte, zu unserem Gott zu beten.

Wir versprachen zu beten, unter der Bedingung, dass sie an diesem Tag keine Götzen anbeten und die Tempel schließen würden. Alles wurde zugesagt.

Da riefen wir alle Christen der Stadt zusammen, um zu beten. Auch die Beamten der Stadtbehörden nahmen an der Gebetsstunde teil.

Eine Christin kam mit dem Regenschirm an. Sie wurde ausgelacht. »Wir kommen heute und beten um Regen. Es wird also regnen!«, war ihre einzige Antwort.

Etwa 30 Minuten beteten wir, da wurde es ganz dunkel. Ein Gewitter zog auf und es regnete nur so vom Himmel. Da hieß es in der ganzen Stadt: »Der Gott der Christen ist wirklich Gott!«

Gott tut heute noch Wunder! Bei ihm ist nichts unmöglich!

• Anna + Otto Schindewolf,
Missionare in China •

Gebet

Gebet:

Du kannst alles, mächtiger Vater.
Lass uns das bei allem, was heute geschieht,
nicht vergessen. Es gibt nichts,
was du nicht könntest. Wir loben dich. Amen.

Familie Schindewolf 1917 in China

Ich habe euch sicher hierher zu mir gebracht, so wie ein Adler seine Jungen auf seinen Flügeln trägt.

2. Mose 19,4

• »Es ist – bis auf eine ganz kurze Strecke – ein gut begehbarer Weg!«, so sagte es der Mann, der mir die Strecke erklärte. Ich hatte mich entschlossen, heute einen Ausflug an die warmen Quellen von Kose zu machen.

Und tatsächlich: Der Weg war leicht zu finden. Selbst als der breite Weg in einen schmalen Fußpfad überging, wunderte ich mich nicht. Doch plötzlich endete der schmale Fußweg an einem großen Staudamm, über den das Wasser in beängstigender Geschwindigkeit nach unten schoss. Ratlos stand ich da. Ich schaute mich um.

Die zwei Männer, die auf der Mauer des Staudamms ihre Angeln ausgeworfen hatten, beachteten mich anfangs gar nicht. Erst als ich laut nach ihnen rief, kamen sie zu mir und erklärten, dass es keinen anderen Weg zum Überqueren gäbe als mitten durch den reißenden Fluss. »Unmöglich!«, dachte ich – doch die beiden Männer bedrängten mich, die kleinen Stufen zum Fluss hinabzusteigen.

Meine ängstlichen Blicke müssen einen der Angler erbarmt haben. Der zog wie selbstverständlich seine Schuhe und Strümpfe aus. Und ehe ich mich versah, fand ich mich auf dem Rücken des Helfers wieder. Er trug mich mit sicheren Schritten durchs reißende Wasser. Auf der anderen Seite angekommen, bedankte ich mich kurz und setzte schnell meinen Weg fort! Die ganze Sache war mir doch recht peinlich gewesen …

Du bist nicht allein – auch wenn's heute mal »reißend« zugeht!
Gott kann und wird dich »durchtragen«!

• Schwester Helene Luginsland,
Missionarin in Japan •

Gebet:
Unser Vater, wir wissen nicht, was heute alles kommen wird. Aber wir wissen, dass du immer bei uns bist. Wir beten, dass du uns trägst, wo wir nicht weiterkommen. Wir brauchen dich!

21

»Wenn der Regenbogen in den Wolken steht, werde ich ihn ansehen, um mich an den ewigen Bund zu erinnern, den ich mit allen Lebewesen auf der Erde geschlossen habe.«

1. Mose 9,16

• Nachts um halb drei Uhr ging es los. Plötzlich riss uns der Lärm schwerer Geschütze aus dem Schlaf. Sofort wussten wir: Es ist wieder Krieg. Der brüchige Waffenstillstand war zu Ende. Die Rebellen hatten ihre Drohung wahr gemacht und griffen die Stadt an. Die verbleibenden Stunden der Nacht lagen wir wach und hörten die dumpfen Mörser – an Schlaf war nicht mehr zu denken. Sorgen und Ängste machten sich breit. Alle möglichen »Was wäre, wenn«-Fragen drängten sich in unsere müden Köpfe.

Schließlich graute der Tag. Wir begannen den Tag wie jeden anderen auch: Wir rüsteten uns, um zu unserer Arbeit in die Krankenhausambulanz zu gehen.

Was würden wir da an Neuigkeiten zu hören bekommen? Wann könnten wir Missionare zu einer Krisensitzung zusammenkommen? Schweren Herzens gingen meine Kollegin und ich aus dem Haus.

Aber wie wunderbar wurden wir wenige Minuten später getröstet ...

Von der Strandpromenade auf dem Weg zur Arbeit blickten wir aufs Meer. Dunkle Wolken waren am Himmel – aber vor den dunklen Wolken spannte sich ein wunderbarer Regenbogen. Er war so vollkommen, wie man nur selten einen sieht. Wir konnten nicht anders, als stehen bleiben und staunen – und die tröstliche »Regenbogen-Botschaft« unseres großen Gottes hören: »Ich denke gerade an meinen Bund mit euch. Ich denke an euch. Ich bin immer noch da. Auch heute.«

So ist Gott uns mitten in einem riesigen Chaos in unserer Furcht und Sorge ganz persönlich begegnet.

• Marianne Atzbach,
Missionarin in Liberia und Malawi •

Gebet:
Danke, liebender Vater, dass du uns durch jeden Regenbogen deine Gegenwart deutlich machst.
Du bist da – danke! Amen.

22

Freude erfüllt die Herzen,
die Frieden im Sinn haben!
Sprüche 12,20b

Zwischen den Fronten.

• Es kam, wie es kommen musste: Die Kinder von Narox, einem Slumgebiet in der Nähe, kamen auf unsere Missionsstation, um mit den »Stationskindern« zu spielen. Es dauerte nicht lange, bis sie etwas gefunden hatten, über das sie streiten konnten.

Offensichtlich reichten Worte nicht mehr aus und sie verlegten sich auf Steine und Stöcke, die man überall finden konnte. Das »Schlachtfeld« befand sich am Fluss. Die Narox-Kinder standen unten am Ufer und die Stationskinder oberhalb der Böschung. Frieder, mein Sohn, hatte den ganzen Streit mitbekommen – und setzte sich einfach in die Mitte der beiden streitenden Parteien. Es muss sehr heftig hin und her gegangen sein, als die Frau eines Kirchenleiters vorüber kam. Sie rief meinem Sohn zu: »Frieder, geh weg da. Nicht, dass sie dich noch treffen!« Doch er antwortete nur: »Mi less long ol i pait!« – was so viel heißt wie: »Ich habe es satt, dass die kämpfen!«.

Sehr schnell fand die Schlacht ein Ende. Die »Kriegsparteien« mussten ja auf den Sohn des Missionars Rücksicht nehmen …

• Ulrich Schmalzhaf,
Missionar
in Papua-Neuguinea •

Familie Schmalzhaf

Gebet:
Herr, wir danken dir, dass du uns
Mut und Kraft schenkst, Frieden zu verbreiten.
Bewahre uns davor, Streit zu säen.
Du allein bist der Grund des Friedens. Amen.

Dann befahl der Herr Abram:
»Verlass deine Heimat, deine Verwandten
und die Familie deines Vaters und geh
in das Land, das ich dir zeigen werde! ...
Ich will dich segnen ...
Ich will dich zum Segen für andere machen.«
1. Mose 12,1+2

• Zwei Tage nach meiner Ankunft in Genua traf die »Stuttgart«, ein großes und schönes Schiff, im Hafen ein. Wir gingen an Bord. Abends um 18 Uhr verließen wir den Hafen. Jetzt war ich zum ersten Mal auf dem Meer, doch es war nicht viel zu sehen. Es war eine kalte und dunkle Winternacht. Der Wind heulte um das Schiff, das sich immer ungleichmäßiger auf und ab bewegte.

Als ich mich in meine Kabine zurückzog, kam es mir zum ersten Mal ins Bewusstsein, dass jetzt ein ganz neuer Abschnitt in meinem Leben begonnen hatte.

So muss es auch Abraham ergangen sein, als er auf Gottes Befehl hin seine Heimat verließ. Auch er sollte in ein unbekanntes, fernes Land mit fremden, andersartigen Menschen ziehen. Dass Gott selbst ihn auf diesen Weg geführt hatte, war ihm wohl immer ein starker Trost. An ihn konnte er sich halten. Er war immer da.

Ja, so war das auch für mich als »frisch gebackener« Missionar.

Zwei Monate später, am 04. März 1937, schwankte unser Schiff durch die Nordeinfahrt der etwa 30 Kilometer breiten Lagune der Insel Chuuk. Ich war am Ziel angekommen.

• Wilhelm F. Kärcher,
Missionar in Mikronesien •

Gebet:
Egal, wo ich hingehe,
du bist schon dort, Vater.
Gut zu wissen! Danke! Amen.

Wilhelm Kärchers Heirat auf der Insel

24

Freu dich am HERRN, und er wird dir geben, was dein Herz wünscht.

Psalm 37,4

• Als wir unseren Sohn David in Taiwan im September 2002 einschulen mussten, entschieden wir uns für das chinesische Schulsystem. Nach dem Kurzaufenthalt im Sommer 2002 wurden wir gemeinsam mit anderen Missionaren auf einer großen christlichen Veranstaltung verabschiedet. Jeder der Missionare durfte noch ein kurzes Abschiedswort sagen. Meines war: »Ich wünsche mir, dass ich in der Schule von David einmal pro Woche Geschichten erzählen darf.«

Im September begann die Schulzeit. Gleich am ersten Tag ging ich auf die Lehrerin zu und fragte: »Darf ich in dieser Klasse Geschichten erzählen?« Die Antwort der Lehrerin: »Natürlich. Wie oft pro Woche möchten Sie kommen?«

Mich traf fast der Schlag. **Eine** Geschichte pro Woche war mehr als genug zum Vorbereiten in der schweren chinesischen Sprache. Also sagte ich: »Einmal pro Woche.« Die Lehrerin teilte mir den Dienstag zu. Und so fing ich an, jeden Dienstag in der Klasse vor Schulbeginn von 8.00 bis 8.30 Uhr Geschichten zu erzählen.

Ich brachte den Kindern englische und deutsche Kinderlieder bei und hatte als Einstieg immer noch eine kleine Bärengeschichte mit Flanellbildern, die den Kindern sehr gefiel. Nach ein paar Wochen erzählte ich dann die Geschichte von David aus der Bibel, um den englischen Namen meines Sohns zu erklären. Die Kinder waren begeistert dabei.

So konnte ich das ganze Schuljahr hindurch Geschichten von Gott erzählen. An Ostern durften wir sogar ein Osterfest gestalten.

Einmal lief ein Junge vor dem Unterricht neben mir und sagte: »Luo Mama (so heiße ich bei den Kindern), weißt du, die Geschichten von Jesus gefallen mir am besten!«

Das hat mich sehr froh gemacht!

• Erika Volz, Missionarin in Taiwan •

Gebet:

Himmlischer Vater, es stehen so viele spannende Geschichten in der Bibel. Danke dafür. Danke, dass wir so immer mehr von dir kennen lernen! Amen.

Wenn er dir hilft, wollen wir vor Freude jubeln und die Fahnen zu Gottes Ehre schwenken.

Psalm 20,6

• Wisst ihr, warum sehr viele ältere Ausländer in Deutschland am 1. Januar Geburtstag haben? Die Antwort ist einfach: Sie wissen nicht genau, wann sie geboren wurden …

Und so wurde in ihrem Pass einfach der 1. Januar als Geburtstag eingetragen.

In Papua-Neuguinea kennen fast alle älteren Menschen ihr Geburtsdatum nicht. Doch einen Mann kenne ich, der aus einem ganz besonderen Grund sein Geburtsdatum kennt: Denn genau 4 Tage nach seiner Geburt am 27.7.1934 kam der erste Weiße in sein Dorf im westlichen Hochland von Papua-Neuguinea. Alle Einwohner außer seinem Vater rannten vor Angst davon, weil sie noch nie einen Weißen gesehen hatten!

Die Missionare erzählten allen Menschen im Dorf von Jesus. So wurde Guyem Bek Christ. Guyem half mit, die Bibel in seine Muttersprache zu übersetzen. Und eines Tages kam der große Augenblick: Die erste gedruckte Bibel in seiner Muttersprache wurde verkauft! Doch Guyem Bek konnte nicht lesen – er hatte nie die Schule besucht!

In der darauf folgenden Zeit schlug er einfach täglich die Bibel auf. Gott half ihm, dass er von Tag zu Tag mehr verstehen konnte. Niemand hat ihm das Lesen beigebracht, doch Guyem kann heute lesen!

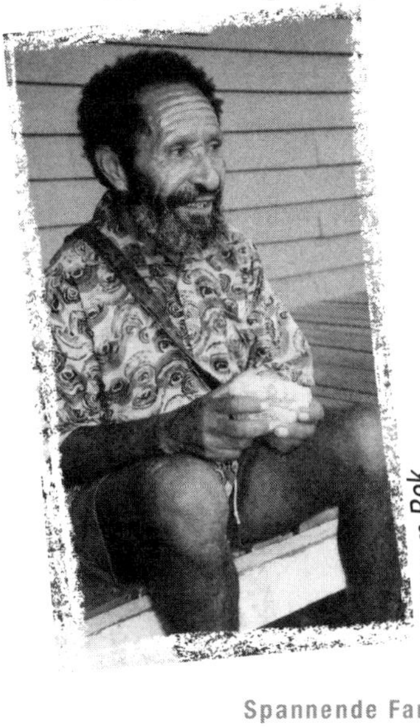

Guyem Bek

• Uli Steiert, Missionar in Papua-Neuguinea •

Gebet:

Danke, lieber Gott, dass du immer das Beste für uns willst. Danke, dass du uns immer helfen kannst, egal wobei. Amen.

»Meister«, entgegnete Simon,
»wir haben die ganze letzte Nacht
hart gearbeitet und gar nichts gefangen.
Aber wenn du es sagst,
werde ich es noch einmal versuchen«.

Lukas 5,5

26

• Die Landschaft Bangladeschs ist sehr schön. Grüne Reisfelder so weit das Auge reicht. Dann wieder Baumgruppen, unter denen Dörfer angesiedelt sind. Der Horizont ist gesäumt mit Kokosnusspalmen. Die Landschaft kann bezaubern. Auch durchziehen Flüsse, Flussarme und viele, viele Kanäle das Land. Der größte Teil der Bewohner Bangladeschs lebt vom Fischfang und vom Reisanbau.

Eines Sonntags, wir waren gerade auf dem Weg zum Gottesdienst, sahen wir unterwegs einen Fischer am Ufer eines kleinen Flusses. Wir hielten an. Ich wollte ein Foto von ihm machen. Nebenbei fragte ich ihn: »Hast du heute schon Fische gefangen?« »Na, kichui pai ni«, d.h.: »Nein, ich habe überhaupt noch nichts gefangen.«

Während er mir diese Worte zurief, kam mir die Geschichte von Petrus in den Sinn. Auch er hatte gefischt und nichts gefangen. Ich dachte, was wohl geschehen würde, wenn ich ihm jetzt sagen würde, dass Jesus ihm einige Fische ins Netz gehen lassen konnte. In mir kämpfte es: »Soll ich etwas sagen oder nicht?« Da kam es spontan aus mir heraus,

Bangladescher mit großem Fisch

und ich fragte ihn: »Glaubst du, dass der Herr Jesus dir einen Fisch ins Netz gehen lassen kann?« Er antwortete: »Wenn du es sagst, Schaheb (so nennen sie einen Missionar), kann ich es ja versuchen.«

Dann warf er das Netz aus und zog es langsam wieder an Land. Innerlich betete ich: »Herr Jesus, lass doch einen Fisch ins Netz gehen. Du hast es doch damals bei Petrus auch gemacht!« Als er das Netz nach oben zog, strahlte er wie eine geschälte Kartoffel. Es war wirklich ein ca. 40 Zentimeter großer Fisch ins Netz gegangen! In meinem Herzen jubelte es und wir dankten gemeinsam unserem Herrn Jesus.

• Heinz Mack, Missionar in Bangladesch •

Gebet:
Lieber Jesus, gib uns den Mut, Wagnisse für dich einzugehen. Du bist ja bei uns! Danke. Amen.

Mangscho

Mmh, lecker!

»Essen wie in Bangladesch«

Fleischcurry-Rezept für 4 Personen

Zutaten:

Currypulver

1 kg Rindergulasch

500-800 g rote Zwiebeln, fein gehackt

10-15 Zehen Knoblauch, fein gehackt

3-6 gehäufte EL Currypulver, je nach gewünschter Schärfe

Butterschmalz oder Öl

Salz, Wasser

evtl. 3-4 kleine grüne Chilischoten (aufgeschlitzt)

Zubereitung:

- Butterschmalz od. Öl erhitzen, Zwiebeln und Knoblauch zugeben, langsam goldbraun rösten
- Currypulver beifügen und unter ständigem Rühren aufschäumen lassen; es darf nicht dunkel werden, sonst schmeckt es bitter
- mit wenig Wasser ablöschen, etwas köcheln lassen, das Fleisch und die Chilis zugeben
- gut umrühren, salzen und zugedeckt schmoren lassen; immer wieder umrühren; sobald das Wasser verkocht ist, neues zugeben

Curry

- diesen Vorgang mehrmals wiederholen
- nach beendeter Garzeit (das Fleisch muss je nach Qualität bis zu 2 Stunden langsam schmoren) sollte etwas Soße vorhanden sein, aber nicht so viel wie bei Gulasch
- die Soße wird durch die vielen Zwiebeln schön sämig; auf keinen Fall mit Mehl andicken!

Sollte das Gericht zu mild geraten sein (vor allem, wenn man keine Chilis verwendet), kann man zum Schluss folgendermaßen nachhelfen: In einem kleinen Topf etwas Butterschmalz erhitzen. 1-2 EL Currypulver aufschäumen lassen, mit Wasser ablöschen und zum Fleisch geben. Nochmals kurz durchkochen. Currypulver nie einfach so draufstreuen! Erst beim Rösten in Fett entfaltet sich der würzige Geschmack!
In Bangladesch wird ein Fleischgericht oft durch fein geschnittene, knusprig geröstete Zwiebeln verfeinert. Einen Teil der braunen Zwiebeln nach dem Garen untermischen, einen Teil beim Servieren darüber streuen.
Nach diesem Rezept können auch in Stücke geteilte Hühner zubereitet werden. »Batterie-Hähnchen« sind nicht geeignet. Sie werden zu schnell weich und nehmen den würzigen Geschmack nicht richtig auf. Am besten sind frische Hühner vom Markt.

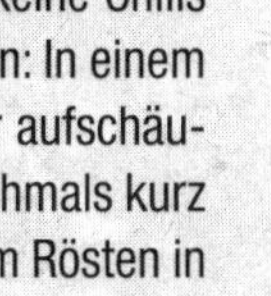

Das schmeckt!

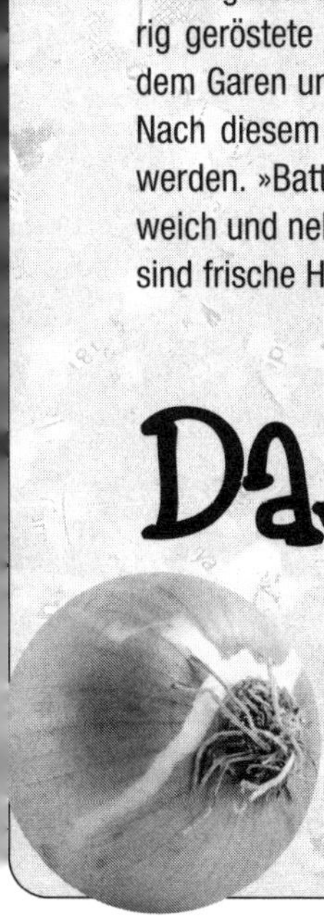

• Tabea Auch und Friedhild Henlich, Missionarinnen in Bangladesch •

27

Wer im Schutz des Höchsten lebt, der findet Ruhe im Schatten des Allmächtigen.

Psalm 91,1

• Chinesische Freunde hatten unseren Kindern einen so genannten »Eisvogel« geschenkt. Da er nicht so recht wachsen wollte, setzten ihn unsere Kinder in ein Loch in der Erdwand des Hügels hinter unserem Haus. Am nächsten Morgen wollten sie wieder mal nach dem Vogel schauen. Gottfried, unser Sohn, griff mit seiner Hand in das Loch hinein, zog sie aber schnell wieder heraus, weil er etwas Schlüpfriges berührt hatte: eine Schlange!

Als die Schlange heraus kroch, sah man an ihrem Leib eine erhöhte Stelle. Sie hatte den Vogel verschlungen. Unsere chinesischen Freunde sagten erschrocken: »Niemand kann länger als eine Stunde leben, wenn er von dieser Schlange gebissen wird!«

Wir dankten Gott für die Bewahrung.

• Julie + Rudolph Buss, Missionare in China •

Eisvogel

Gebet:

Mächtiger Vater, wir brauchen täglich deine Hilfe. Unser Leben und unsere Gesundheit sind immer gefährdet. Bitte pass auf uns auf. Wir haben unser Leben nicht in der Hand, aber wir sind in deiner Hand! Danke! Amen.

28

Der HERR ist mein Hirte, ich habe alles, was ich brauche.

Psalm 23,1

Bibellesen ist nicht »ihr Fall«.

• »Wir Japaner sind Buddhisten.« Für Masako-san scheint dies ein schlagkräftiges Argument zu sein, das Bibellesen verweigern zu können.

Da kam ich auf die Idee, Masako-san zu bitten, meine Sprachlehrerin zu werden. Ich wählte Bibelverse als Sprachtext aus und die lasen wir zuerst mehrmals gemeinsam ganz laut – damit auch die Nachbarn die Lektion mitbekamen. Danach erklärte sie mir die Schriftzeichen.

An einem Tag lasen wir Psalm 23 als Unterrichtslektüre. Die Schwierigkeit: Masako-san hat noch nie ein Schaf und natürlich auch keinen richtigen Hirten gesehen.

Wildwest-Filme dagegen kennt sie offensichtlich. So kam es zu ihrer eigenwilligen Erklärung von Psalm 23 Vers 1 – Der Herr ist mein »Cowboy«.

Jedenfalls hat sie diese Botschaft des Wortes Gottes kapiert und wir beten, dass sie ihr Leben Jesus anvertraut – wie einem ganz persönlichen »guten Hirten« oder eben einem »Cowboy«.

• Dorothea Ockert,
Missionarin in Japan •

Der Herr ist mein »Cowboy«

Gebet

Gebet:

Herr Jesus, danke, dass du unser guter Hirte bist. Bitte lass heute ganz viele Menschen weltweit dich erkennen. Amen.

In der Nacht vor der Verhandlung schlief Petrus angekettet zwischen zwei Soldaten. Vor dem Gefängnistor hielten weitere Soldaten Wache.

Apostelgeschichte 12,6

29

• Könnten Sie das auch: schlafen in einer solchen Lage? Wissend, am nächsten Tag womöglich zum Tode verurteilt zu werden?

Über diese spannende Geschichte hatte ich gerade gepredigt. Die Abendandacht in der kleinen Buschkirche, die nur mit einer kleinen Laterne erleuchtet war, war vorüber. Mit meinen Begleiterinnen wollte ich mich in einer ebenso einfachen neuguinesischen Buschhütte zur Ruhe begeben, als einige Christen kamen, um uns zu warnen. »Geht morgen früh nicht wie geplant ins nächste Dorf! Dort wird gerade der Tamberam (ein heidnisches Ritualfest) gefeiert!«

Was sollten wir tun? Ich erinnerte mich an die Geschichte mit Petrus im Gefängnis. »Wir brauchen uns nicht zu fürchten! Wir sind doch im Auftrag von Jesus unterwegs! Gott ist bei uns!« Ungläubig sahen uns die Dorfbewohner am anderen Morgen nach, als wir in Richtung des besagten Dorfes loszogen. Unterwegs begegneten wir einem traditionell geschmückten Tamberam-Mann. Meine Begleiterinnen hatten große Angst. Ich bat ihn, den Garamut (eine Schlitztrommel, das »Urwaldtelefon«) zu schlagen, um die Babyklinik anzukündigen, was er auch tat.

Es vergingen einige Stunden, bis die Mütter mit ihren kleinen Kindern kamen, bis das Untersuchen und Impfen mit der dazugehörenden Andacht abgeschlossen waren und wir weiterziehen konnten. Nichts war passiert!

Gott ist auch bei euch – es gibt nichts Besseres.

• Schwester Elisabeth Rentschler, Missionarin in Papua-Neuguinea •

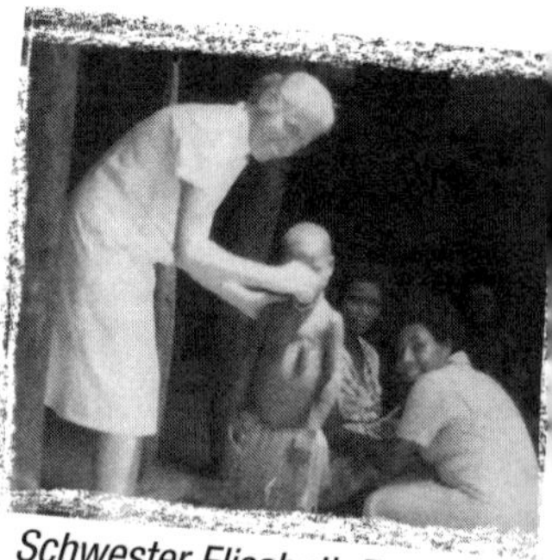

Schwester Elisabeth Rentschler und ihre »Baby-Klinik«

Gebet

Gebet:

Lieber Vater, du warst bei Petrus im Gefängnis.
Du bist auch bei uns, egal wo wir uns aufhalten.
Es gibt nichts Besseres als deine Gegenwart!
Danke dafür! Amen.

**Die Jünger waren bestürzt.
»Wer kann dann überhaupt gerettet werden?«,
fragten sie. Jesus sah sie aufmerksam an
und sagte: »Menschlich gesehen
ist es unmöglich, aber nicht für Gott.
Bei Gott ist alles möglich.«**

Markus 10,26-27

• Hast du schon mal heimlich bei dir gedacht: »Mein Freund oder meine Freundin werden nie Christ werden! Nicht mal Gott kriegt das hin.«?

Ich hatte einen guten Freund in der Schule in Kanada. Bei dem dachte ich genau das. Er war einfach *zu* gut: Er hat nie öffentlich gelogen, hat seinen Eltern ganz oft im Haus geholfen (auch als Jugendlicher). Er hat nicht gestohlen, hatte gute Freunde, kam mit jedem klar. »Mann, der ist einfach nur gut,« dachte ich, »viel besser als manche Christen.«

Auch wenn ich für ihn betete, habe ich nicht wirklich daran geglaubt, dass er jemals Gottes Kind werden würde. Viele denken, dass nur die Bösen, die Versager oder die Menschen in fernen Ländern Vergebung durch Jesus brauchen. Doch einer wie er…?

Glücklicherweise denkt Jesus über Menschen anders als wir.

In Bezug auf meinen Freund hat er mir gezeigt, dass es bei ihm kein »unmöglich« gibt. Jesus hat's geschafft, meinem Freund in kleinen Schritten zu zeigen, wie wertvoll er ist, aber auch wie stark Stolz und Sünde in seinem Herzen sind. Das konnte ich nicht!

Für Gott gibt's wirklich kein »unmöglich«!

• Samuel Strauß,
Missionar in Bangladesch •

Familie Strauß

Gebet:

Herr Jesus, es ist so gut, dass für dich nichts unmöglich ist. Schenk mir den festen Glauben, dass du meine Freunde von deiner Liebe überzeugen kannst. Amen.

Jesus rief der Menge zu:
»Wenn jemand Durst hat,
soll er zu mir kommen und trinken!«
Johannes 7,37

• »Ist es nicht furchtbar schwer, das Neue Testament in eine primitive Sprache zu übersetzen?«, so haben mich manche gefragt. Erfahrene Sprachwissenschaftler sind sich darin einig, dass es primitive Sprachen im eigentlichen Sinn gar nicht gibt. Natürlich gibt es Dinge, die sie in ihrer früheren Kultur nicht kannten, z.B. Flugzeuge, Elektrizität. Die werden dann einfach von der jeweiligen Handelssprache übernommen und sehr geschickt »naturalisiert«. So kommt z.B. das palauische Wort für Mittagessen von dem deutschen Wort »Zwölf«. Um die Mittagszeit kann man also gefragt werden: »Hast du schon gezwölft?«

Die Palausprache hat viele Worte, die in Verbindung mit dem Wort »reng« (Geist) formuliert werden. In unserer Sprache wäre »reng« oft gleichbedeutend mit dem Wort »Herz«. Der Sitz dieses »reng« ist die Kehle.

Ein paar Beispiele dazu:

Wenn jemand zornig ist, dann »steigt sein Geist hoch«. Das ist doch eine ziemlich genaue Beschreibung dessen, was in seiner Seele vorgeht. Oder: Wenn ein Mensch durstig ist, dann sagen die Palauer: »Es ist Ebbe in meinem Geist.«

Johannes 7,37 heißt in der palauischen Bibel: »In wessen Geist Ebbe ist, der komme zu mir.« Ein schöner Ausdruck für den Durst nach echtem Leben.

Jesus bietet uns an, unseren Durst zu stillen. Er will, dass wir mit Leben »überflutet« werden. So ist er!

• Schwester Hilde Thiem,
Missionarin in Palau
(Mikronesien) •

Hast du schon »gezwölft«?
Zeit zum Mittagessen!

Gebet:
Danke, Jesus, dass wir durch dich ein überfließendes Leben haben. Amen.

**Jesus spricht: »Habt ihr noch nie in der Schrift gelesen?
Dort steht geschrieben:
›Kinder und Säuglinge hast du gelehrt, dich zu loben.‹«**

Matthäus 21,16

32

• Es ist Juli und in zwei Monaten wird unsere Tochter Anita ihren dritten Geburtstag feiern. Sie sitzt wieder einmal auf einem ihrer Lieblingsplätze, dem blauen Fahrradkindersitz. Der wird in Japan immer an die Lenkstange des Fahrrads gehängt.

Anitas strohblonde Haare fallen auf. Wir sind nicht zu übersehen.

Inzwischen haben wir Totsuka erreicht und schlängeln uns durch eine mit Fußgängern belebte Straße. Die vielen neugierigen Blicke nehme ich schon gar nicht mehr wahr – sie sind für uns Missionare ein Stück Alltag geworden.

Plötzlich fängt Anita unvermittelt mit ihrer kräftigen Kinderstimme zu singen an: »Hallelu, hallelu, hallelu, halleluja, preiset den Herrn«. Ich muss schmunzeln.

In meinem Herzen danke ich Gott für Anita. Ihr Verhalten war für mich ein gutes Beispiel und ein »kindlicher« Hinweis auf Gottes Gegenwart.

• Dorothe Kappus,
Missionarin in Japan •

Anita ein paar Jahre älter, genauso fröhlich

Gebet:

Immer und überall solltest du gelobt werden, Vater.
Du bist es wert! Deine Liebe und deine Treue sind grenzenlos – und immer für mich da! Dankeschön! Amen.

33

Eines dürft ihr ganz sicher wissen:
Der HERR hat die Gottesfürchtigen erwählt.
Der HERR wird mir antworten,
wenn ich zu ihm rufe.

Psalm 4,4

• Es war im Winter 1999, als ein junger Mann in den Gottesdienst kam. Er fiel sofort auf, weil nur 10 Leute da waren. Als der Gottesdienst vorbei war, »entwischte« er mir. Eine Woche später kam er wieder. Dieses Mal redete ich mit ihm.

»Ich habe alle religiösen Menschen beobachtet«, erklärte er. »Die Mormonen, Buddhisten, Zeugen Jehovas, Juden, Hinduisten, New Age … Was mir noch fehlt, sind die Evangelischen.«

Ich lud ihn zu einem Bibelkurs ein, den wir über drei Monate jeden Samstag durchführten. Mir fiel sofort auf, dass er sehr intelligent war und die Dinge, über die wir sprachen, genau analysierte. Simon kam noch einige Male in den Gottesdienst. Dann blieb er überraschend weg. Immer wieder rief ich ihn an, doch der Kontakt verebbte.

Im Sommer 2000 hatten wir unsere erste große Sommerevangelisation im Stadtpark in Marbella. Es kamen 60 Jugendliche aus verschiedenen Gemeinden Spaniens und halfen uns.

Familie Hertler

Mit in unserem Team war Nishe, eine junge Missionarin aus Guatemala, die in den USA studiert und gelebt hatte. An einem Abend hatte sie Probleme mit ihrem Computer. Verzweifelt wandte sie sich an mich, ob ich jemanden wüsste, der sich mit Computern auskennt. Da kam mir die Blitzidee: »Simon«. Und Simon kam.

Doch dann passierte etwas, das wir nicht erwartet hatten: Der Computer lief, und Simon »lief« auch – nämlich Nishe hinterher. Nach einer Woche kehrte Nishe wieder nach Bilbao zurück. Simon begleitete sie noch zum Bahnhof, konnte aber den Abschiedsschmerz nicht ertragen und fuhr kurz entschlossen mit.

Etwa zwei Jahre später kam ein Brief aus den USA mit vielen Goldschnörkeln – von Simon und Nishe. Gespannt öffneten wir und konnten es kaum glauben: Simon und Nishe heirateten. Im Brief schrieben sie noch, dass Simon eine zweijährige Bibelschulausbildung beginnen würde. Wir waren platt!

Das Abenteuer geht weiter. Kürzlich waren die drei (inzwischen kam Nachwuchs) bei uns. Sie sind gemeinsam auf der Suche, wo sie für Gott arbeiten können.

• Theo Hertler, Missionar in Spanien •

Gebet:

Wie du das manchmal machst, Vater …

Du führst Menschen und Ereignisse so, dass es gut wird.

Bitte mach das auch heute bei uns so. Danke.

34

Freut euch im Herrn.
Ich betone es noch einmal: Freut euch!
Philipper 4,4

• Ich stand gespannt an der Kasse, um die Tickets für die Kultur-Show zu lösen, nicht ahnend, dass es ein »Kulturerlebnis« der ganz besonderen Art werden sollte. Eine Stunde später war mein Geldbeutel weg – gestohlen!

Mein Bedarf an Kultur war fürs Erste gedeckt. Ich war sauer!

Wieder zu Hause wurde es noch schlimmer: Es war Samstag und ich musste mich auf meine Predigt für den nächsten Tag einstimmen. Das Thema war: »Freut euch im Herrn allezeit!«

Zuerst klang es wie ein schlechter Witz, aber ich wusste: Gott meinte es ernst. ER sagt: Freut euch! Allezeit! Nicht nur, wenn's leicht fällt. Auch dann, wenn's nicht zum Freuen aussieht!

Ich hatte meine Predigt so vorbereitet, dass ich zu einer bewussten Entscheidung für die Freude aufrufen wollte – und wurde nun unfreiwillig mein erster Zuhörer.

Ich *wollte* mich ja freuen – aber es fiel mir schwer. Trotzdem habe ich mich für die Freude entschieden. Ich begann zögerlich Gott zu danken. Erst fielen mir nur die 2,50 € ein, die ich zum Glück in der anderen Hosentasche gehabt hatte, aber dann kam ich richtig in Fahrt. Es gab 1000 Sachen, für die ich dankbar sein konnte. Ich wurde froh und lobte Gott.

Der Geldbeutel kam dadurch nicht wieder, und nach Luftsprüngen war mir auch nicht zumute, aber ich habe erlebt, dass es wahr ist: Wer sich für die Freude entscheidet – egal in welcher Lebenslage – erlebt, wie Gott Freude schenkt!

• Michaela + Rainer Dorsch,
Missionare in Papua-Neuguinea •

Gebet

Gebet:

Lieber Vater, ich will mich jetzt ganz bewusst dafür entscheiden mich zu freuen. Ich danke dir, dass es tausend Gründe gibt dir dankbar zu sein. Du bist spitze! Amen!

35

Tragt euren Teil dazu bei, mit anderen in Frieden zu leben, so weit es möglich ist!
Römer 12,18

• Seid ihr für gute Streiche zu haben? Dann erzählen wir euch, was die Kinder bei uns in Russland angestellt haben. Also: Als wir nach Russland kamen, kauften wir ein – um nicht zu übertreiben – »sehr interessantes«, neues russisches Auto, das sich beim ersten Regen schon in ein Aquarium verwandelte. Die Kofferraumklappe blieb nicht zu usw. Was aber wirklich witzig war: Jeder schaute unser Auto an und interessierte sich für dieses neue Modell.

Als wir eines Tages mit dem Auto fortfahren wollten, stand es plötzlich ganz schief. So ein Pech! Gleich zwei platte Reifen. Da hatte uns jemand die Luft rausgelassen! Na ja, was soll's. Es war ja nichts kaputt. Wir pumpten die Reifen wieder auf ...

Als es aber ein paar Tage später noch einmal passierte, gab die russische Luftpumpe ihren Geist auf. Wieder einige Zeit später fehlten plötzlich die Firmenlogos am Auto und in der Motorhaube war eine Delle!

Jetzt war der Spaß aber wirklich vorbei! In unserem Frust beteten wir zu Jesus: »Bitte hilf uns, das Richtige zu unternehmen.« Am nächsten Tag ging Matthias zu allen Kids, die sich gerade im Hof aufhielten (und später auch zu einigen Eltern). Er sagte ihnen: »Wir möchten ein gutes Verhältnis zu euch und wir verzeihen denen, die unser Auto beschädigt haben. Aber das nächste Mal werden wir wohl die Polizei rufen müssen.«

Seither gab es keine schlechten Scherze mehr und wir sagen einander freundlich »Hallo«, wenn wir uns sehen.

• Damaris + Matthias Braun, Missionare in Russland •

Damaris und Matthias Braun im kalten Russland

Gebet

Gebet:
Herr Jesus, hilf bitte den Erwachsenen, dass sie Spaß verstehen, wenn Kinder mal was anstellen.
Aber zeig den Kindern auch, wo der Spaß aufhört und was anderen wehtut. Amen.

36

Und wir wissen, dass für die, die Gott lieben und nach seinem Willen zu ihm gehören, alles zum Guten führt.

Römer 8,28

• Es war der 30. Januar 1918. Ich hatte gerade eine kleine Besorgung in der Stadt zu machen. Kaum war ich in ein Geschäft eingetreten, da hörte ich den Schrei: »Räuber sind in die Stadt eingedrungen!« Alle Menschen flohen in die Häuser. Ich ging vorsichtig nach Hause. Als ich an unser Tor kam, standen dort etwa 30 Soldaten. Erstaunt fragte ich sie: »Was macht ihr hier?« – »Es ist ein Räuber bei euch eingedrungen …«, war die Antwort.

Als wir dann hineingingen, sah ich meine Frau auf den Steinen vor unserem Haus in ihrem Blut liegen. Sie hatte drei Wunden am Kopf und vier am Arm. Ich kniete neben ihr nieder und betete: »Herr, gib mir Kraft!« Der Räuber war schon durchs Hintertor entflohen und wurde von den Soldaten verfolgt.

Auguste Becker vor dem Überfall …

… und nach dem Unglück

Da kein Arzt zur Stelle war, habe ich mit Hilfe der nicht verwundeten Missionarinnen die Wunden gereinigt und zugenäht. Wir arbeiteten von nachmittags 5 Uhr bis nachts 3 Uhr daran. Erst nach 24 Stunden traf ein Arzt bei uns ein. Meine Frau lebte weiter, konnte aber erst nach zwei Jahren wieder richtig sprechen.

»Warum das alles, Gott?«

Einige Tage nach dem Überfall wollte der Bürgermeister 15 Verwandte dieses Räubers mit dem Tod bestrafen. Ich ging sofort zu ihm und bat ihn diese unschuldigen Menschen zu verschonen. Nach langem Bitten gab er nach und ließ sie frei. Diese Nachricht ging wie ein Lauffeuer durch die Stadt. Und im Lauf der nächsten Wochen kamen mehrere Hundert Bewohner zu unseren Gottesdiensten. Viele fanden zu einem Leben mit Gott.

• Hermann Becker, Missionar in China •

Gebet:

Vater, oft verstehen wir dich nicht. Lass uns immer – auch heute – daran festhalten, dass du es gut meinst mit uns. Amen.

37

Ich gebe euch das Gebot, einander zu lieben!
Johannes 15,17

• Es ist 15:00 Uhr. Wie fast jeden Nachmittag klopft es ans Tor und wir wissen schon, wer da ist: die Jungs aus der Nachbarschaft. Es ist eine bunte Mannschaft. Der Sohn eines hohen Verwaltungsbeamten findet genauso Platz wie der zerlumpte Sohn eines Gelegenheitsarbeiters, der nicht einmal die Schule besuchen kann.

Was sie wollen ist klar: Fußball spielen! Genauso klar ist, dass sie keinen Fußball dabei haben, denn Bälle sind teuer. Wir haben einen, und den teilen wir gerne.

Die Spieler machen sich für das Match fertig. Zuerst ziehen sie die Schuhe aus – denn Schuhe müssen geschont werden (die meisten Kinder in Sambia haben nur ein Paar gute Schuhe, und ohne die dürfen sie nicht in die Schule). Auch unsere Kinder haben schnell gelernt, dass man ohne Schuhe ganz flott kicken kann und haben die Idee von richtigen Stollenschuhen schnell verworfen.

Der Kickplatz in unserem Hof ist nicht sehr groß, und richtige Tore gibt es auch nicht. Dafür müssen zwei Paar Schuhe herhalten, die als »Pfosten« aufgestellt werden.

Dann geht das Spiel los. Jeder gibt alles. Freilich wird auch hin und wieder gefault – das können auch sambische Kinder. Aber trotz allem Gewühle höre ich während des ganzen Nachmittags kein böses Wort. Falls doch mal einer ausrastet und rumschreit oder unfair spielt, muss er sich zuerst entschuldigen, bevor das Spiel weitergeht.

Warum das so ist? Die Kinder haben von klein auf gelernt, dass man einander nicht beleidigt, weil das dem anderen wehtut. Und daran halten sie sich (normalerweise) und nehmen Rücksicht aufeinander. Auf diese Weise entstehen Freundschaften, die auch nach Jahren noch halten.

Ist das nicht toll?

• Cornelia + Reinhard Frey, Missionare in Sambia •

Gebet

Gebet:
Lieber Herr Jesus, danke, dass du uns liebst und dass es so viele andere Menschen gibt, die uns lieben. Hilf uns, diese Liebe an alle Menschen weiterzugeben. Amen.

38

Der HERR beschützt mich vor Gefahr!
Vor wem sollte ich erschrecken?
Psalm 27,1b

• Die Bibeltage in dem herrlichen Küstendorf in Papua-Neuguinea gingen zu Ende. Es war eine gute Zeit gewesen. Die Einheimischen und ich waren fröhlich und dankbar für die gute Gemeinschaft und das Reden Gottes zu uns. Als wir uns auf den Heimweg machten, war es bereits dunkel. Wir mussten durch ein kleines Stück Urwald um zur Straße zu gelangen. Doch was lag dort quer über dem Weg? Im Licht der Autoscheinwerfer erkannten wir eine armdicke Schlange. Sie lag stocksteif da, den Kopf schräg nach oben gerichtet. Sie lebte. Beklemmende Ruhe im Auto! Wie gut, dass das Auto Türen hatte. Ich fuhr mit den Vorder- und Hinterrädern über das »Hindernis«. Ob sie jetzt tot ist? Schnell legte ich den Rückwärtsgang ein. Wieder ging es mit Gehoppel über den Schlangenkörper. Im Scheinwerferlicht sahen wir, dass sie noch da war, den Kopf weiterhin schräg nach oben gerichtet. Also lebte sie noch. Wieder fuhr ich über sie hinweg. Immer noch lag sie da. »Das ist doch nicht normal«, dachte ich. Meine einheimischen Begleiter bekamen Angst. »In ihr ist ein böser Geist«, sagten sie. »Hoffentlich passiert uns nichts.«

Wir erinnerten uns an die Macht unseres Gottes, die uns bewahrt. Und so vertrauten wir uns ihm und seinem Schutz an und fuhren getrost nach Hause.

• Rolf Beilharz, Missionar in Papua-Neuguinea •

Autofahrt in Papua-Neuguinea

Gebet

Gebet:
Lieber Vater im Himmel,
danke, dass wir immer wieder deine Güte erfahren dürfen.
Danke, dass dein »Fürchte dich nicht« auch uns gilt. Amen.

Jesus erwiderte: »Wenn die Menschen dieses Wasser getrunken haben, werden sie schon nach kurzer Zeit wieder durstig. Wer aber von dem Wasser trinkt, das ich ihm geben werde, der wird niemals mehr Durst haben. Das Wasser, das ich ihm gebe, wird in ihm zu einer nie versiegenden Quelle, die unaufhörlich bis ins ewige Leben fließt.«

Johannes 4, 13+14

• In Malawi wird uns in der trockenen Jahreszeit der unbezahlbare Wert des Wassers bewusst. Weil es jedes Jahr im November ein Gerangel um das wenig vorhandene Wasser gibt, haben wir in der letzten Woche auf dem Gelände der Bibelschule einen weiteren Brunnen graben lassen. Da haben drei Männer in fünf Tagen 7 Meter tief in die Erde gebuddelt. Ihre Werkzeuge waren lediglich eine Hacke ohne Stiel, ein Grabeisen und ein Eimer mit einem Seil dran.

Und wenn sich inmitten einer total ausgetrockneten Landschaft das Loch mit Wasser füllt, dann staunen alle über das Wunder. Dass Wasser ein Geschenk Gottes ist, darin sind wir uns mit den Afrikanern einig.

Als Bibelleser erinnert es mich auch an das lebendige Wasser, von dem Jesus gesprochen hat und das den Lebensdurst stillt. Wir wünschen uns sehr, dass jedes Kind, jeder Erwachsene, jede christliche Gemeinde und wir selbst ein solcher Brunnen sind, der sich mit lebendigem Wasser füllt und aus dem andere für ihr Leben schöpfen können.

• Cornelia + Michael Volz,
Missionare in Malawi •

Malawi, Frauen schöpfen Wasser aus einem Brunnen

Gebet:

Lieber Jesus, fülle uns heute ganz neu mit dem, was wir für unseren Alltag und für andere Menschen brauchen. Du bist der Ursprung des Lebens. Danke! Amen.

Ich habe die Erde gemacht und den Menschen, der auf ihr lebt, erschaffen.

Jesaja 45,12a

40

• Kimura-sensei, ein mir bekannter japanischer Pastor und Evangelist, erzählte mir ein Erlebnis, das er in Amerika hatte:

Er freute sich sehr auf den Ausflug an die berühmten Niagara-Wasserfälle. Dort angekommen, stand er staunend vor dem gewaltigen Naturschauspiel. Er war ganz in Gedanken versunken. Plötzlich schlug ihm jemand auf die Schulter. Er schaute sich um. Da stand ein baumlanger Amerikaner hinter ihm. Der schaute auf ihn herab und sagte überheblich: »He, du, so einen Wasserfall habt ihr in Japan nicht, oder?!«

Kimura-sensei war ein Mann, der zuerst dachte, ehe er redete. Er dachte schnell und sagte nach »oben«: »Was willst denn du? Dieser Wasserfall gehört meinem Vater!«

Jetzt war's an dem Amerikaner zu staunen. Fast blieb ihm der Mund offen stehen. »Was?! Deinem Vater?!« – »Ja, meinem Vater im Himmel. Kennst du den vielleicht nicht? Er ist der Vater, der euch diese Wasserfälle gegeben hat!«

... und dann erzählte er ihm weiter von dem großartigen Vater, der alles gemacht hat und jeden Menschen liebt.

• Ernst Vatter, Missionar in Japan und ehem. Missionsdirektor der Liebenzeller Mission •

Die Niagarafälle

Gebet

Gebet:

Danke, großartiger Vater, dass du die Erde so schön gemacht hast. Wir sind stolz, deine Kinder zu sein und loben dich! Amen.

Aktions

Worte, Worte, Worte

• Jedes Land hat seine eigene Sprache. Will man Menschen verstehen, muss man ihre Sprache können oder lernen. Viele Missionare (z.B. in Japan oder China) verbringen die ersten Jahre im Land damit, die Sprache zu lernen. Neue Worte lernen ohne Ende.

Die Bibel selbst – das Wort Gottes – wird noch lange nicht in allen Sprachen zu haben sein. Auch hier sind Bibelübersetzer Tag für Tag am Arbeiten. Das Ziel: Alle Menschen weltweit sollen die Bibel lesen und verstehen können.

Hier ein paar »Leckerbissen« zum Raten:
Um welche Sprachen und welche Bibelverse handelt es sich hier:

1.
Kanawo' ni nge thap e girdi' ngak Got e ke taw ko re naun ney e daba'.

(Übersetzt heißt das: »Der Pfad, den die Leute überqueren müssen, um bei Gott anzukommen, hat sich heute diesem Haus aufgetan.«)

2.
你們當以基督
耶穌的心爲心。

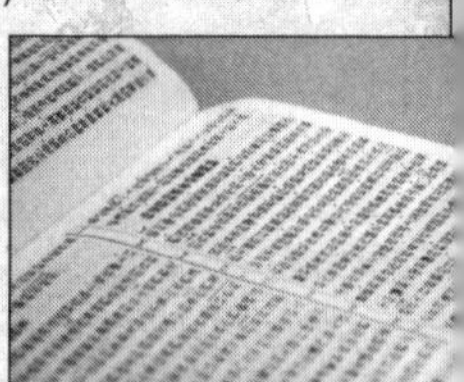

Chinesische Bibel

Übersetzt heißt das:
»Ihr müsst das Herz von Jesus Christus als (euer) Herz haben.«

seite

3.

আর কতদিন তোমরা
ও ওতো তোমরা
আর কতদিন তোমরা দুই ?

Übersetzt heißt das:
»Wie lange wollt ihr eure Füße
in zwei Boote setzen?«

Bengalische Bibel

Unten findet ihr die Lösungen. Wenn ihr die Bibelverse in der deutschen Bibel nachschaut, werdet ihr Interessantes entdecken.

Bitte betet für die Missionare auf der Welt,
die momentan mühsam eine neue Sprache lernen.
Betet auch für die Missionare,
die jahrelang daran arbeiten, Bibelübersetzungen
für bestimmte Sprachen zu erstellen.

Yapese (spricht man auf der mikronesischen Insel Yap) · Lukas 19,9

Chinesisch · Philipper 2,5

Bengalisch · 1. Könige 18,21

41

Ich aber werde dir mit Dankliedern opfern
und meine Gelübde halten.
Denn die Hilfe kommt vom Herrn.

Jona 2,10

• Esra, ein einheimischer Pastor, erzählte mir über ein besonderes Ereignis auf der Insel Losop (Mikronesien):

»Als wir an jenem Donnerstagmorgen aufwachten, war der Himmel schwarz und mit Wolken bedeckt. Es begann zu regnen. Ein furchtbarer Sturm setzte ein. Viele Früchte fielen von den Bäumen. Einige Bäume wurden sogar umgeworfen. An manchen Stellen auf der Insel schwappten riesige Wellen herauf und begannen Schaden anzurichten. Wir alle dachten, ein Taifun würde entstehen. Wir hatten Angst.«

Bei einem Taifun können die Wellen stellenweise mehrere Meter hoch über kleine und niedrige Koralleninseln wie Losop hinwegfegen. In ihrer großen Angst ließen die Menschen die Muschel blasen zum Zeichen, dass sich alle in der Kirche treffen sollten. Alle kamen – auch die, die nicht an Jesus glaubten.

Sie beteten alle. Sie weinten und schrien zu Gott.

Dann – um die Mittagszeit – geschah es: Der Sturm ließ nach, der Regen hörte auf und schon am Nachmittag schien wieder die Sonne auf die Insel Losop.

Als man sich abends zum Dankgottesdienst nochmals in der Kirche traf, kam niemand mit leeren Händen. Groß und klein brachte Kokosnüsse und legte sie in gewohnter Weise vor dem Eingang der Kirche auf die Erde. Es waren über 1000 Kokosnüsse! Das war ihr Geschenk für den großen Gott, der ihre Gebete erhört hatte.

• Karl Becker,
Missionar in Mikronesien •

Palme bei aufziehendem Sturm

Gebet:

Großzügiger Vater, oft vergessen wir dir Danke zu sagen. Das tut uns Leid. Danke für deine Hilfe, für unsere Familie, für die Freunde, für… (bitte ergänzen). Amen.

Wo zwei oder drei zusammenkommen,
die zu mir gehören,
bin ich mitten unter ihnen.
Matthäus 18,20

42

• Wir waren zu einer Veranstaltung im Freien eingeladen. Die Sonne lachte, die Aktion fand in einem Kindergarten statt. Trotz großer Bedenken des Ortspfarrers (kommt überhaupt jemand?) begannen wir mit einer halben Stunde Verspätung – ganz normal in der Missionsarbeit unter Roma – das Programm. Während wir gemeinsam Lieder von Gott sangen und einige aus ihrem Leben mit Gott erzählten, kamen immer mehr Roma zusammen – insgesamt mehr als hundert Personen.

Nach der Veranstaltung redeten wir mit vielen Roma. Einige fragten: »Warum kommt ihr nicht regelmäßig zu uns und erzählt uns mehr von Gott?«

Kann es eine schönere Einladung für einen Missionar geben? Wohl kaum. Also kamen wir wieder, wurden freundlich aufgenommen, großartig bewirtet – und wir verabredeten einen Termin für ein weiteres Treffen, an dem wir gemeinsam in der Bibel lesen wollten. Voller Erwartung trafen wir am vereinbarten Termin dort ein. Zwei Frauen waren gekommen, eine davon mit ihrem Kind. Später traf noch ein Jugendlicher ein, gegen Ende noch zwei weitere ältere Frauen und ein Mann. Lohnt sich das? Die vielen Kilometer, die wir gefahren waren? Die Mitarbeiter, die sich frei genommen hatten?

Jesus sagt: »Ja!« Und ER verspricht, mitten unter uns zu sein – auch wenn es nur eine kleine Anzahl von Leuten ist. ER kann daraus Großes entstehen lassen.

• Sandra + Hans-Martin Dern, Missionare in der Slowakei •

Sandra Dern mit Roma-Frauen Schulung ZLATO in Spisska Nova Ves

Gebet

Gebet:
Danke, HERR Jesus, dass du aus einem kleinen Anfang etwas Großes machen kannst. Hilf mir heute, fest mit deiner Gegenwart zu rechnen. Amen.

Ob ich nun wenig oder viel habe,
ich habe gelernt, mit jeder Situation
fertig zu werden: Ich kann einen vollen
oder einen leeren Magen haben,
Überfluss erleben oder Mangel leiden.
Denn alles ist mir möglich durch Christus,
der mir die Kraft gibt, die ich brauche.
Philipper 4,12+13

4.3

• Genüsslich beißt Pastor John in den Kuchen, den uns meine Frau für die Kirchenkonferenz gebacken hat. »Ah, ist das gut«, meint er vergnügt. Ich überlasse ihm und seinen drei Gefährten den Rest des Kuchens und lasse sie erzählen. Wie sie zur Konferenz gekommen sind, ist ein Wunder:

Zuerst fehlte ihnen das Geld, um das Schiff nach Manus zu bezahlen. Christen in der Stadt hatten ihnen mit Geld ausgeholfen. Doch dann war

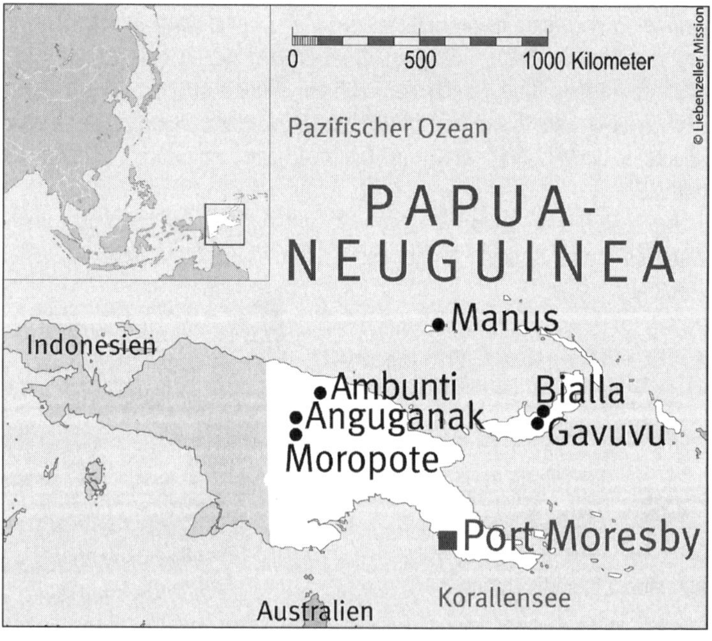

Einsatzorte der LM Missionare

das Schiff wegen eines Motorschadens nicht ausgelaufen. Sie hörten von einem anderen Schiff – doch das fuhr von einer 300 km entfernten Stadt los. Wie sollten sie die Kosten für die Busreise aufbringen? Wunderbarerweise zahlte ihnen die Schifffahrtslinie genau die Summe als Entschädigung aus, die sie brauchten. Ich traute meinen Ohren kaum: Entschädigung für Verspätung – das habe ich in den 14 Jahren, in denen ich in Papua-Neuguinea arbeite, noch nie gehört. Trotzdem wurde es knapp. Wenn der Bus am Hafen ankommen würde, würde das Schiff vermutlich schon weg sein. Also beteten sie für eine Verspätung und machten sich auf den Weg. »Und?«, fragte ich, während sie die Krümelreste am Boden der Hütte zusammensuchten: »Es hatte tatsächlich Verspätung – und zwar drei volle Tage.« Zu viel gebetet?

So kamen sie dann doch rechtzeitig. Allerdings hieß das drei Tage Verspätung plus einen Tag Schiffsreise – vier volle Tage ohne Essen, denn dafür hatten sie kein Geld mehr.

Ich bin wirklich gespannt, wie sie wieder nach Hause gekommen sind. Aber das ist eine Geschichte, die sie mir dann erzählen können, wenn wir das nächste Mal gemeinsam im sumpfigen Busch unter dem Moskitonetz zusammen essen.

• René Bredow, Missionar in Papua-Neuguinea •

Gebet:

Danke, Herr, dass du für uns sorgst – auch heute. Amen.

44

Lobt Gott, der mein Gebet ernst nimmt
und mir seine Gnade nicht entzogen hat.
Psalm 66,20

• Paul freute sich riesig, dass das neue Baby ein Junge war. Fünf Schwestern waren genug – fand er. Und dann durfte er ihm auch noch einen Namen aussuchen. »Er soll Samuel heißen«, sagte er, »denn Gott hat mein Gebet erhört.« (… so heißt der Name »Samuel« ins Deutsche übersetzt …)

Samuel war erst ein paar Monate alt, als der Krieg in Liberia begann. Gewiss, das kleine Baby merkte nicht viel davon. Aber seine Mutter Mary hatte nun immer neue Sorgen. Wie sollte sie nur ihre große Familie durchbringen? Mary war am Ende ihrer Kraft. Immer wieder schrie sie zu Gott: »Herr, hilf uns doch. Vergiss uns nicht.«

Eines Tages stand die ganze Familie, inklusive Paul, vor meiner Haustür in der Stadt. Samuel war inzwischen über 2 Jahre alt. Er hatte einen dicken Bauch, aber immer noch ganz dünne Arme und Beine. Und er konnte weder krabbeln noch stehen und laufen. Nur schreien konnte er, und das tat er oft stundenlang aus Leibeskräften.

Er war krank, sehr krank. Der Doktor meinte: »Er wird wohl sein Leben lang nicht laufen können.« – Mary nahm ihren Samuel wieder mit nach Hause. Immer wieder betete sie: »Bitte, mach meinen Samuel gesund.« – Wie war doch die Bedeutung von Samuels Namen? »Gott hat erhört« – doch nichts geschah!

Wieder einmal begann der Krieg, und wieder einmal wurde ich mit anderen Missionaren ins Ausland evakuiert. Als wir nach 6 Wochen zurückkehren konnten, war die Freude groß. Viele Leute kamen zu unserer Begrüßung, auch Mary und ihre Familie. Und wer kam da ganz am Schluss angewackelt, etwas unsicher zwar, aber aufrecht auf zwei Beinen? Ich traute meinen Augen nicht, aber es war Samuel. Er hatte tatsächlich laufen gelernt. Ganz freudestrahlend kam er an. Ja, Jesus hatte Marys Gebet erhört.

• Marianne Atzbach,
Missionarin in Liberia und Malawi •

Gebet

Gebet:
Vater, es ist unvorstellbar, dass du so viele Gebete auf der ganzen Welt hörst. Danke, dass du dich um alle Menschen kümmerst.
Wir bitten dich: Gib uns heute, was wir brauchen. Amen.

Doch mir geht es gut, weil ich mich nahe zu Gott halte! Ich setze meine Zuversicht auf den allmächtigen HERRN, von seinen wunderbaren Werken will ich allen erzählen.

Psalm 73,28

• »Betet kräftiger, sie stirbt!«, hörte ich die weinenden Frauen den am Strand sitzenden Gemeindegliedern zurufen. »Meinen die mich?«, schoss es mir durch den Kopf. Es ging mir schlecht, aber ich spürte einen tiefen Frieden. Ich hatte hohes Fieber und fürchterliche Schmerzen. Immer wieder verlor ich das Bewusstsein.

Ort des Geschehens: Nukuoro, eine kleine Inselgruppe ca. 600 km südöstlich von Chuuk in Mikronesien. Ich war alleine dort zu einem Kurs für Arbeit unter Kindern (mein Mann war auf Chuuk geblieben). Alles begann mit starken Rückenschmerzen und hohem Fieber. Innerhalb von drei Tagen verschlimmerte sich mein Zustand so, dass ich fast völlig gelähmt war.

Kein Arzt war in Reichweite. Also musste ich die Diagnose selbst stellen: Infektion im Rückgrat. So bat ich per Funk meinen Mann, Medizin zu organisieren. Die erste Lieferung kam relativ schnell per Flugzeug. Doch es wurde immer schlimmer. Die Medikamente neigten sich dem Ende zu. Ich brauchte dringend Nachschub für die noch verbleibenden 36 Stunden, bis ein Schiff mich nach Hause holen konnte.

Die Frauen, die mich versorgten, dachten wirklich, dass ich sterben würde. Diese Nacht wurde sehr lange – für uns alle! Eine seltsame Nacht – eine schreckliche Nacht! Doch selten habe ich den Frieden von Gott, seine Nähe und Geborgenheit so stark gespürt! Bei Sonnenaufgang hörten wir ein Flugzeug. Ein Jubelruf ging über die kleine Insel. Die Medikamente wurden über dem Wasser abgeworfen und mit Booten eingeholt.

Gerettet!

• Gudrun Neumaier, Missionarin auf Chuuk (Mikronesien) •

Gebet:

Du, Jesus, bist immer in Reichweite – auch wenn wir scheinbar allein sind. Gib uns heute eine tiefe Geborgenheit in deiner Nähe. Amen.

Noch bevor sie rufen, werde ich ihnen antworten. Während sie mir noch ihre Bitten vortragen, will ich sie schon erhören!

Jesaja 65,24

• Wir leben in Sambia. In Südafrika sind gebrauchte Autos für unsere Missionsarbeit und den einheimischen Gemeindeverband eingetroffen. Um sie abzuholen, waren wir gezwungen, eine Rundreise von ca. 6000 km zu machen.

Bis hierher hatte alles geklappt. Froh und dankbar näherten wir uns dem letzten Grenzposten, dem nach Sambia. Ich wollte nach meiner Tasche greifen, um mit den Papieren zur Zollabfertigung zu gehen. Doch die Tasche war nicht da!

»Sie wird im anderen Auto sein«, dachte ich. Denn unterwegs hatten wir die Autos getauscht. Aber auch dort war die Tasche nicht zu finden. Betreten schauten wir einander an. Ohne diese Papiere hatte ich keine Chance, nach Sambia zu kommen. Wir überlegten. Eigentlich konnte sie nur in Shinhoy geblieben sein, als wir dort in einer Gastwirtschaft das Frühstück zu uns nahmen. Was nun?

Wir beschlossen: Ein Missionar bleibt mit dem abgeholten Fahrzeug an der Grenze. Der andere Missionar und ich fahren die ca. 250 km zurück.

Wir fuhren wie Rallye-Weltmeister. Wir beteten wie Gebets-Weltmeister zu Gott, dass wir die Tasche finden würden. Angekommen: Am Stuhl hing sie nicht mehr. Die Spannung wuchs, als wir zur Rezeption gingen und sagten, dass wir von Sambia wären und heute Morgen hier gefrühstückt hätten. Die Frau lächelte und sagte freundlich: »Ihre Tasche ist im Safe!«

Ein riesiger Stein fiel von unseren Herzen. Und ein dickes Dankeschön stieg zum Himmel.

• Markus & Emmi Riegert, Missionare in Sambia und Tansania •

Autofahrt in Sambia

Gebet:

Danke, Herr Jesus, dass du uns in unseren Sorgen und Nöten nicht allein lässt. Amen.

47

Das bedeutet aber, wer mit Christus lebt, wird ein neuer Mensch. Er ist nicht mehr derselbe, denn sein altes Leben ist vorbei. Ein neues Leben hat begonnen!

2. Korinther 5,17

• Kurz nach unserer Ankunft in Wewak, einer Stadt in Papua-Neuguinea, besuchte uns ein Mann aus der Nachbarschaft. »Ich glaub', ihr kennt mich nicht«, meinte er.

»Nein, aber du siehst aus, als wärst du von der Insel Manus«, sagten wir – und so war es. John Koitud hieß er, seit über zehn Jahren arbeitete er als Schriftenmaler beim Bauamt. Schon nach kurzer Zeit waren wir gut befreundet. Unsere Kinder spielten gern mit Johns Kindern. Außerdem hatten John und seine Frau Augustina ein Baby im gleichen Alter wie unser Jüngster.

Das Schönste aber war, dass John schon nach kurzer Zeit sein Leben Jesus schenkte. Seine strahlenden Augen war für alle ein Beweis, dass er nun einen neuen Herrn hatte. Es war alles anders geworden. Heute geht er oft in die Elendsviertel der Stadt, um den Menschen dort von Jesus zu erzählen.

Samstags, wenn es heißt: »Freiwillige vor! Die Kirche soll sauber gemacht und das Gras um die Kirche geschnitten werden!«, wer schiebt dann in der brütenden Hitze den Rasenmäher? John!

Eines Abends, Monate waren vergangen, kam John mit seiner Frau Augustina zu uns. Die Veränderung ihres Mannes hatte sie unruhig gemacht. Nun wollte auch sie Frieden, Freude und Vergebung bei Jesus finden.

• Karl Kalmbach, Missionar in Papua-Neuguinea •

John Koitud mit dem Rasenmäher

Gebet:

Herr Jesus, hilf uns andern
so von dir zu erzählen,
dass sie merken:
Du meinst es gut mit uns. Amen.

48

Die deinen Namen kennen,
vertrauen auf dich, denn du, Herr,
verlässt keinen, der dich sucht.
Psalm 9,11

• Als wir eines Tages in der Umgebung unserer Kirche Bücher über Jesus verteilten, trafen wir Herrn Chang. Er sagte uns, dass er Christ sei, aber schon längere Zeit nicht mehr zu einer Kirche gehörte. Er lud uns zu sich nach Hause ein. Wir lernten seine Familie kennen. Beide ihrer Söhne waren psychisch angeschlagen und konnten daher nicht arbeiten. Seine Frau, auch schon über sechzig, umsorgte die ganze Familie. Die Frau und die Söhne glaubten nicht an Gott.

Eines Tages wurde Herr Chang sehr krank. Ein Gallenleiden. Eine Operation war unumgänglich. Seine Frau sagte zu uns: »Mein Mann ist 82, wenn er die Operation überlebt, komme ich in die Kirche.« Der Mann überstand die Operation gut– und seine Frau hielt ihr Wort. Sie kam ab sofort regelmäßig in den Gottesdienst.

Als wir drei Jahre später die Gemeinde wieder besuchten, wurden wir von Herrn und Frau Chang begrüßt. Sie sind inzwischen treue Glieder der Gemeinde.

• Marianne Ulmer,
Missionarin in Taiwan •

Marianne und Siegfried Ulmer

Gebet

Gebet:
Du siehst alle Menschen – unglaublich!
Du interessierst dich für jeden – unfassbar!
Aber danke dafür! Amen.

Liebt einander mit aufrichtiger Zuneigung und habt Freude daran, euch gegenseitig Achtung zu erweisen.

Römer 12,10

49

• Sambia. Unsere Missionare hatten von einem einheimischen Verband eine Einladung zur Mitarbeit in gemeindegründender und aufbauender Arbeit bekommen.

Zur Klärung dieser Anfrage reiste ich nach Sambia. Treffpunkt war Ndola im Inland von Sambia. Zuerst musste ich im 400 km entfernten Lusaka landen. Von dort sollte mich jemand abholen und nach Ndola bringen.

Doch niemand erwartete mich! Weit und breit war keiner der Vertreter der Kirche oder sonst jemand zu sehen. Ich überlegte hin und her. Schließlich wandte ich mich ans Postbüro des Flughafens – vielleicht einfach weil dort ein freundlich dreinschauender Afrikaner saß. Ich erklärte ihm kurz meine Situation. Er versuchte daraufhin eine telefonische Verbindung nach Ndola aufzubauen … kein Erfolg!

Als dann unerwarteterweise doch eine Verbindung zustande kam, setzte plötzlich ein kurzer, aber heftiger Tropenregen ein. Das Getöse, das der Regen auf dem Blechdach des Flughafengebäudes auslöste, machte ein Gespräch unmöglich. Ich musste auflegen. Später kam dann keine Verbindung mehr zustande.

Ich muss wohl sehr verzweifelt ausgesehen haben, denn plötzlich sprach mich der freundliche Schalterbeamte an: »Die Welt braucht Jesus – und Sie brauchen ihn auch!« – Völlig überrascht und zugleich erfreut antwortete ich ihm, ich sei auch Christ. Er streckte mir die Hand hin und sagte: »Dann sind wir ja Brüder!«

Nach dieser erfreulichen Entdeckung kam er dann auf mein Reiseproblem zurück und wies mich darauf hin, dass noch am selben Abend ein Flugzeug nach Ndola fliegen würde. Damit war mir geholfen!

• Ernst Vatter, Missionar in Japan
und ehem. Missionsdirektor
der Liebenzeller Mission •

Gebet

Gebet:

Unser Vater! Danke, dass du auf der ganzen Welt deine Kinder hast.
Wir beten für die Christen, denen es heute nicht so gut geht.
Hilf ihnen und lass sie spüren, dass du bei ihnen bist. Amen.

Mit meiner Seele will ich den HERRN loben und das Gute nicht vergessen, das er für mich tut.
Psalm 103,2

Ein unvergesslicher Tag:

• Es war der 17. Januar 2002. Draußen war es sehr heiß. Wir waren zu unserem alljährlichen Missionarstreffen zusammen. Für unsere Kinder stellten wir ein kleines Planschbecken auf. Zu unserer Ältesten sagten wir, dass sie auf ihren kleinen Bruder aufpassen solle. Beide vergnügten sich im Wasser. Im Haus tauschten wir uns über Psalm 103 aus und machten uns Gedanken über die vielen guten Dinge, die Gott uns bereits geschenkt hatte. Wir schauten nochmals zu den Kindern hinaus. Beide waren vergnügt im Wasser. Etwas später warf ich wieder einen Blick nach draußen. Da blieb mir der Atem stehen! Unser kleiner Sohn schwamm leblos auf dem Wasser.

Schnell zog ich ihn heraus. Unsere Mitmissionare kamen mir zur Hilfe. Zwanzig Minuten kämpften wir um das Leben unseres Buben. Dann war er über den Berg.

Wir waren überglücklich und hielten ihn fest in unseren Armen.

Gott hat viel Gutes an diesem Tag getan. Er hat uns unseren Sohn noch einmal geschenkt. Der Tag wird unvergesslich bleiben. Ein Tag um Gott zu loben.

• Cornelius + Andrea Grupp,
Missionare in Sambia •

Familie Grupp mit Sohn Jonathan

Gebet:

Danke, Vater, der du uns immer wieder so viel Gutes tust.
Oftmals sind es kleine Dinge, die wir leicht übersehen.
Öffne unsere Augen, dass wir deine Hilfe sehen und nicht vergessen, wie oft du uns schon geholfen hast. Amen.

51

Gott dagegen beweist uns seine große Liebe dadurch, dass er Christus sandte, damit dieser für uns sterben sollte, als wir noch Sünder waren.

Römer 5,8

• Großeinsatz der Polizei. Ein Geländefahrzeug der Regierung wurde gestohlen und für einen Überfall missbraucht. Nun wurde der Wagen in der Nähe des Hauptmarktes der Stadt entdeckt. Ungewöhnlich schnell für neuguinesische Begriffe zieht sich ein Ring von Polizeiwagen zusammen. Alle Ausfahrten werden blockiert. Schüsse fallen. Die Räuber flüchten zu Fuß; einige suchen unter den Schaulustigen Zuflucht, werden aber derb verprügelt und schließlich der Polizei übergeben.

Ein Einzelner ist einen Hang hinauf geflüchtet. Einige Polizisten machen sich auf den Weg, ihn zu verfolgen. Es scheint, als hätte er es geschafft. Er ist nur noch als kleiner Punkt zu sehen. »Sicher fangen sie ihn auf der anderen Seite ab«, meint ein Zuschauer. Doch plötzlich fahren noch andere Fahrzeuge vor. Vermummte Polizisten steigen aus – »Riot squad«,

Polizist in Papua-Neuguinea

Spezialeinheit. Auch sie stürmen den Hang hinauf, dem Flüchtigen hinterher. Oben auf dem Berg erhebt sich eine Gestalt, hebt die Hand mit einem Gegenstand darin. Sofort wird das Feuer eröffnet. Die Gestalt beugt sich vornüber, lässt den Gegenstand aus der Hand fallen und bricht zusammen. Als der junge Mann nach unten gebracht wird, stellt sich ein tragischer Irrtum heraus:

Er war gar nicht der Räuber, sondern ein Mitarbeiter der nahe gelegenen Kirchengemeinde. Er hatte sich zum Beten und Bibellesen auf den Berg zurückgezogen. In seiner Hand befand sich keine Waffe, sondern eine kleine Taschenbibel. Derweil haben Polizisten auf der anderen Seite des Hügels den flüchtigen Verbrecher dingfest gemacht. Nachdem sie von dem Irrtum über Funk gehört hatten, machten sie keinen Gebrauch von ihren Waffen. Ich frage mich, was der Räuber aus dem Leben, das ihm geschenkt wurde, gemacht hat …

Ein Unschuldiger musste erst »dran glauben«, sonst hätte er den Tag wohl nicht überlebt.

• René Bredow, Missionar in Papua-Neuguinea •

Gebet:

Wie oft habe ich die Berichte von deinem Tod am Kreuz schon gehört, Herr Jesus! Bitte, mach mir deutlich, wie viel es dich gekostet hat, damit ich dir noch dankbarer werde. Amen.

52

Er ist der lebendige Gott und er bleibt für alle Zeiten bestehen. Sein Reich kann niemals zerstört werden und seine Herrschaft endet nie.

Daniel 6,27

• Innerhalb weniger Stunden war unsere Welt vollkommen aus den Fugen geraten: Ein Funkspruch der Missionsleitung hatte uns angewiesen, die Missionsstation zu verlassen und zu evakuieren! Bürgerkrieg und höchste Alarmstufe!

Nach dem hastigen Packen verabschiedeten wir uns von unseren liberianischen Freunden – alle miteinander standen fassungslos und schockiert vor uns, voller Fragen. Langsam fuhren wir im Konvoi durch den Urwald. Stundenlang sahen wir nichts als Urwald und die rotbraune Lehmpiste. Nun hatten wir Zeit, das Geschehene Revue passieren zu lassen und wieder einmal über die ganze Situation zu reden.

Irgendwie war alles aus dem Lot geraten: Der siegreiche Vormarsch der Rebellen war begleitet von der verbrannten Erde, die die Regierungstruppen hinterließen.

Marianne Atzbach

Und dazwischen die Bevölkerung – vertrieben, misshandelt, entrechtet. Irgendwo mittendrin in diesem Geschehen waren wir auf der Flucht und verließen unsere Arbeit, an die Gott uns doch gestellt hatte. War das richtig? Wie würde alles weitergehen? Wie würde es enden? Je weiter wir uns von unserer Arbeit, unserem Zuhause, unseren liberianischen Freunden entfernten, um so verwirrter wurden wir. Wir versuchten, einander zu trösten und aufzumuntern – so gut das eben ging.

Und dann war da plötzlich ein Lied in unseren Köpfen und Gesprächen. Wir hatten es in den letzten Tagen und Wochen oft gesungen. Wie eine mächtige Predigt trafen uns die Worte des alten Liedes:

Er ist bei uns wohl auf dem Plan

mit seinem Geist und Gaben.

Nehmen sie den Leib, Gut, Ehr, Kind und Weib:

Lass fahren dahin. Sie haben kein Gewinn.

Das Reich muss uns doch bleiben.

Plötzlich hatten wir eine andere Sicht der Dinge. Ja, wir wussten nicht, was werden würde. Doch Gott ist noch lange nicht am Ende, selbst wenn wir in der Sackgasse feststecken. Auch Bürgerkriege und Rebellenheere können sein Werk nicht zerstören.

• Marianne Atzbach,
Missionarin in Liberia und Malawi •

Gebet:

Danke, treuer Vater, dass du immer noch alles im Griff hast – obwohl uns alles zu entgleiten droht. Es ist so gut, das zu wissen! Amen.

So sind wir Botschafter Christi, und Gott gebraucht uns, um durch uns zu sprechen. Wir bitten inständig, so als würde Christus es persönlich tun: »Lasst euch mit Gott versöhnen!«

2. Korinther 5,20

Mit Bohrer und Bibel...

• Herr Yao in Taiwan ist Zahnarzt und Christ. Während draußen die Sommerhitze die Luft flimmern lässt, sitzt er entspannt in seiner vollklimatisierten Praxis und behandelt mit erfahrenen, flinken Händen seine Patienten. Nebenher erzählt er ihnen davon, wie er zum Glauben an Jesus kam und was ihm Jesus im Alltag bedeutet. Seine Patienten hören ihm mit offenem Mund zu. Ab und zu nicken sie oder schauen ihn mit fragenden Augen an. Wenn zum Abschluss der Behandlung die erlösenden Worte »bitte spülen« kommen, dann ist manchem auch im übertragenen Sinne »auf den Zahn« gefühlt worden. Wichtiger als jede Wurzelbehandlung an den Zähnen ist für ihn, dass ein Mensch radikal (d.h. wurzeltief) von der Herrschaft der Sünde befreit und neu geboren wird. Herr Yao achtet bei seiner »Behandlungsstuhl-Evangelisation« darauf, dass er nicht besserwisserisch klingt. Natürlich und einladend will er sein. Über zwanzig Menschen sind dadurch, dass ihnen Herr Yao so »nebenher« von Jesus erzählte, schon zur Gemeinde gekommen.

Ein gutes Vorbild!

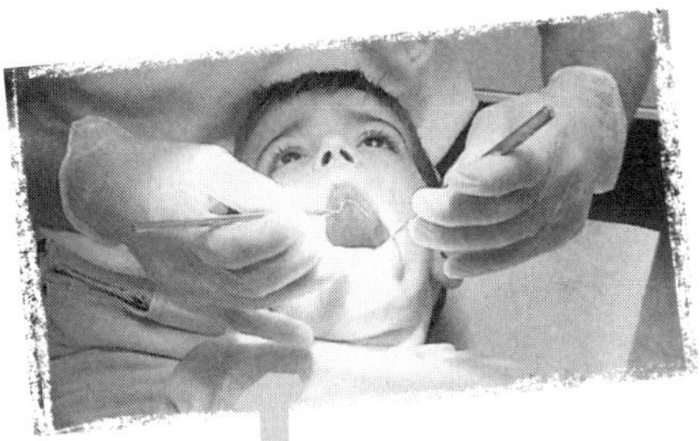

Weglaufen geht nicht

• Jürgen Grodde, Missionar in Taiwan •

Gebet:

Herr Jesus, lass uns heute Möglichkeiten entdecken, anderen Menschen natürlich und echt von dir zu erzählen. Wo uns die Angst überkommt, schenke uns den Mut, uns zu dir zu bekennen. Amen.

54

»Meine Gedanken sind nicht eure Gedanken«,
sagt der Herr,
»und meine Wege sind nicht eure Wege.«

Jesaja 55,8

• »Wie sollen wir das bloß machen? Er kann die Nachricht gar nicht zur rechten Zeit bekommen!« Mit diesen Gedanken saßen Markus und ich an einem Abend vor dem Computer und sahen uns die kommende Woche im Kalender an. Nächsten Dienstag würde das Flugzeug nach Malambo in die Massai-Steppe fliegen, um Obedi, einen Massai-Evangelisten, zu verschiedenen Orten zu bringen. Obedi war für einen Monat hier in der Nähe, um den Massais (so heißen die Einheimischen) die Gute Nachricht von Jesus zu bringen.

Wir hatten ihm gesagt, dass das Flugzeug in einer Woche wiederkommen würde. Doch nun würde es viel früher hier eintreffen. Wie sollten wir ihn erreichen? Wir wussten, dass der Ort, in dem Obedi sich gerade aufhielt, ausschließlich über 100 Kilometer Dreckstrasse zu erreichen war. Wir beteten zu Gott, dass wir Obedi irgendwie erreichen würden.

Am nächsten Morgen, ich hatte gerade begonnen, im Haus zu arbeiten, wurde ich plötzlich von einem Mann unterbrochen. Er wollte Bücher kaufen. Irgendwie kamen wir auf Obedi zu sprechen. Ich erwähnte ihm gegenüber, dass ich eine dringende Nachricht für ihn hätte. »Oh, das trifft sich aber gut. In einer halben Stunde fährt ein Massai mit dem Bus in den Ort, in dem Obedi sich aufhält. Ich werde ihm die Nachricht bringen«, war seine Antwort. Und schon war der Mann mit den Büchern auf dem Fahrrad verschwunden. Ich konnte es kaum glauben …

Als ich dann am Montagmorgen im Gästehaus eine Übernachtung für Obedi buchen wollte, traf ich ihn schon dort an. Er sah zwar sehr müde aus – aber er war da!

• Markus & Emmi Riegert,
Missionspilotenehepaar in Tansania •

Gebet

Gebet:
Dein Einfluss, Vater, reicht bis in den letzten Winkel der Erde. Du kümmerst dich um unsere Kleinigkeiten.
So bist du! Wir ehren dich dafür! Amen.

Seid besonnen und wachsam und jederzeit auf einen Angriff durch den Teufel, euren Feind, gefasst! Wie ein brüllender Löwe streift er umher und sucht nach einem Opfer, das er verschlingen kann.

1. Petrus 5,8

• Wir wussten ja schon, dass in unseren Hühner- und Entenhäusern solche funkeläugigen Biester auf nächtlichen Raubzug gingen …

Am Sonntagmorgen brachte unser Hausangestellter Senis wieder eine schöne braune Ente zu mir – tot! Sie hatte auf ihren Eiern gebrütet. Plötzlich hatte die Schlange zugebissen und die Ente danach mit ihrem kräftigen Schlangenleib erdrosselt. Gemein! Und weil die Ente zu groß für ihren gierigen Rachen war, hatte die Schlange sie einfach liegen lassen – doch nur, um ein kleineres Opfer zu erwürgen.

Später, um nachzuschauen, ob alle Tiere Wasser und Futter hatten, machte ich einen Rundgang. Als ich im Entenhaus die erkalteten Eier entdeckte, dachte ich: »So, so, da hat sie gesessen, die gute Entenmutter! Wo konnte die Mörderin rein- und rausgekommen sein?« Unten war alles mit Maschendraht abgedichtet, vielleicht durchs Dach? Ich schaute nach oben. Direkt vor mir blieben meine Augen an zwei glänzenden Punkten hängen. »Biest!«, durchzuckte es mich. Zwei Schlangenaugen starrten mich frech an. Wulstig hing der Schlangenleib zusammengerollt im Dach. »Ha, du freches Biest! Denkst du, du kannst dich ungestraft in zwei Meter Entfernung von deinem nächsten Opfer ausruhen?!« Denn fast direkt unter der Schlange saß noch eine Entenmutter auf ihren Eiern …

• Karl Kalmbach, Missionar in Papua-Neuguinea •

Ente in Not

Gebet:

Lieber Herr Jesus, bewahre uns und alle, die zu uns gehören, und alle Menschen vor dem Bösen. Amen.

Beschütze mich, Gott,

denn ich flüchte mich zu dir!

Psalm 16,1

56

• Es war der 20. April 1926, 7:00 Uhr. Ich machte mich mit zwei Koffern voller Medizin, Geld und Kleider auf den Weg in die Provinz Kweichow. Dort war durch eine schlechte Ernte eine Hungersnot ausgebrochen. Ich sollte nun einer unserer Gemeinden in dieser Provinz Geld vom chinesischen Hungersnotkomitee bringen. General Jao hatte mir einen seiner Soldaten als Begleitung mitgegeben.

Nachdem wir eine Weile auf dem Weg waren, wurden wir plötzlich von einer bewaffneten, 20-köpfigen Räuberbande angehalten. Man raubte uns aus. Ich selbst wurde gefangen genommen in der Hoffnung auf ein hohes Lösegeld. Den Soldaten schickte man mit der Lösegeldforderung zu General Jao.

Die Tage vergingen und als die Räuberbande hörte, dass General Jao auf der Suche nach ihnen war, begann eine abenteuerliche Flucht in die Berge. Ich schlief während der ganzen Zeit sehr wenig und flehte zu Gott um Kraft für das, was kommen würde. Nach sechs Tagen – es war Sonntag – brachte man mich völlig unerwartet an einen Platz, an dem mich Soldaten von General Jao abholen konnten. Vorher versuchte man noch, mir alles wegzunehmen, was ich am Leib trug. Meine Brille wanderte nun von Nase zu Nase. Ich erhielt sie aber wieder zurück. Außerdem entschuldigten sich die Räuber bei mir. Sie sagten immer wieder, sie würden mich gerne in Hungkiang besuchen, um dort an den Gottesdiensten teilzunehmen.

Was für ein Geschenk war es doch, nach verhältnismäßig kurzer Zeit wieder freizukommen.

• Max Wilhelm,
Missionar in China •

Familie Max Wilhelm 1930 in Sankiang, China

Gebet

Gebet:

Herr, wir brauchen es, dass du auf uns aufpasst.
Danke, dass du dich auch heute
um uns kümmerst. Amen.

57

Gelobt sei der HERR täglich!
Lobt Gott, unseren Retter,
denn er trägt für uns unsere Sorgen.

Psalm 68,20

• Anfang Dezember hatte ich meinen Mann überredet endlich zum Arzt zu gehen, um das Ergebnis der Blutuntersuchungen zu erfahren. Vor zehn Tagen war er wegen einer starken Erkältung zum Doktor gegangen. Der Mediziner hatte ihm damals nicht nur Medikamente verschrieben, sondern ihn gründlich untersucht. Dabei stellte er fest, dass die Leber vergrößert war. »Sind Sie Alkoholiker?«, war die erste Frage des Arztes. Als mein Mann diese Frage verneinte, wurde ein Blutbild angeordnet.

Dann kam der Anruf des Arztes. Mein Mann kam erschüttert zu mir: »Ich habe Leukämie und muss sofort ins Krankenhaus. Bitte pack' meine Sachen.«

Meine Knie zitterten, meine Gedanken flogen. »Herr, hilf mir, hilf uns! Bitte steh uns bei!«, so lauteten meine Stoßgebete. Die Sachen waren schnell gepackt. Die Einweisung und Aufnahme in die Uniklinik erfolgten noch am selben Tag. Einen Aufschub ließ der Arzt nicht zu.

In diesen Tagen ist mir der oben stehende Vers aus Psalm 68 oft begegnet. Der Vers beginnt tatsächlich mit den Worten ›Gelobt sei der Herr täglich‹. Wofür Gott loben? Für Schwierigkeiten, Leid, Krankheit und Not? Das habe ich nur höchst selten fertig gebracht.

Aber Gott loben für seine Nähe, seine Größe, seine Kraft, die Schönheit der Natur, seinen Tod am Kreuz … Das hat mich gestärkt und gehalten!

Gelobt sei der Herr täglich. Ich will den Herrn loben allezeit.

• Ursula Engelmohr,
Missionarin in Japan •

Ursula Engelmohr mit ihrem Mann Karl

Gebet

Gebet:
Allmächtiger Gott, danke für die vielen Geschenke, die du uns täglich gibst. Öffne unsere Augen dafür. Hilf uns, wenn du uns heute eine Last zumutest. Amen.

Denn alles ist mir möglich durch Christus,
der mir die Kraft gibt, die ich brauche.
Philipper 4,13

• »Was?! Morgens um neun eine Einladung zum Essen?! Bestimmt bekommen wir jetzt ein gutes Frühstück.« Das waren meine Gedanken, als wir uns auf den Weg machten und nach 20 Minuten das Haus erreichten, in das wir eingeladen worden waren.

Ich war zum ersten Mal für ein Wochenende Gast in einem Dorf in Malawi und wusste noch nicht so recht, was mich erwarten würde. Doch ich erkannte schnell: Das Frühstück bestand aus gekochten Bohnen, Kraut und Nsima (Maisbrei) – und alles schön heiß!

»Nein, das geht doch nicht – das sieht doch mehr nach Mittagessen aus!«, dachte ich.

Wir setzten uns und jeder bekam einen Teller mit dem heißen Essen.

Was sollte ich tun? Das Tischgebet wurde gesprochen und schon legten die anderen los. Da blieb mir wohl nichts anderes übrig, als auch zu essen. Während ich den ersten Bissen mit der rechten Hand in den Mund schob (Besteck gibt es nicht), bat ich Gott um Hilfe, dass ich das Mittagessen auch zu dieser ungewöhnlichen Tageszeit runterbringen würde.

Tatsächlich – es klappte! Ich schaffte meine Portion zwar nicht ganz, aber ich erlebte, dass ich manches Ungewohnte tun kann – weil Gott mir hilft.

• Margit Schwemmle, Missionarin in Malawi •

Gebet:
Danke, Herr Jesus,
dass du uns in
ungewohnten Situationen
hilfst und uns begleitest –
auch heute. Amen.

Margit Schwemmle mit afrikanischem Kind

59

Bittet, und ihr werdet erhalten.
Sucht, und ihr werdet finden.
Klopft an, und die Tür
wird euch geöffnet werden.

Matthäus 7,7

»Ich darf Gott um alles bitten!«

• Das hatten wir unseren Kindern immer gesagt, bis ... ich selbst ins Zweifeln kam. Samuel, unser Sohn, hatte einen wunderschönen Papagei geschenkt bekommen. Einen Käfig konnten wir ausleihen, der stand nun auf unserer Veranda und Samuel war ganz für die Versorgung des Tieres zuständig.

Eines Sonntags waren wir auf eine andere Missionsstation eingeladen. Alle waren bereits fertig zur Abreise, da musste Samuel noch ganz schnell nach seinem »Koki« schauen.

Als wir am Abend nach Hause kamen, gab es eine schreckliche Entdeckung: Der Vogelkäfig stand offen und der Koki war weg. Samuel hatte wohl beim schnellen Weggehen die Tür offen gelassen.

Nun ging die Sucherei auf der ganzen Missionsstation los. Der Papagei war nicht aufzufinden. Doch was ich fand, waren Federn im Gras, die mich Schlimmes ahnen ließen (wir hatten Katzen auf der Missionsstation ...).

Am Abend betete Samuel sehr für seinen Koki und dass Gott auf ihn aufpassen sollte. Mein Herz als Mutter war traurig und ich überlegte schon, wie ich Samuel beibringen könnte, dass der Papagei tot ist. Am nächsten Morgen, ganz früh, klopfte es an unserer Haustür. Draußen stand ein Schulmädchen, das in beiden Händen den Papagei hielt. Er war ganz nass, ängstlich und zittrig. Sie hatte den Vogel unter einem Baum gefunden ...

Samuel war überglücklich und meinte mit ganzer Überzeugung: »Ich hab' gewusst, dass der Herr Jesus mein Gebet erhört.« Ich stand als Mutter beschämt daneben.

• Irmgard Schülein,
Missionarin in Papua-Neuguinea •

Gebet

Gebet:

Danke, Jesus, dass wir dir alle unsere Wünsche sagen dürfen. Bei dir ist alles gut aufgehoben. Amen.

Betet für uns.
Hebräer 13,18

• Es war im Jahr 1975. Missionar Fritz Urschitz hatte meinen Mann gebeten, ihm beim Bau eines Fluglandestreifens zu helfen. Es war absehbar, dass sie mindestens eine Woche dort bleiben würden. Ich war schwanger und litt furchtbar an Übelkeit. Trotzdem musste die häusliche Arbeit getan werden. Außerdem standen täglich viele Kranke an unserer Haustür. Unsere beiden Töchter waren klein und quirlig.

Eines Tages kamen sie unerwartet zu mir und bedrängten mich: »Mama, komm, wir müssen dringend für Papa beten.« Kaum war eine Stunde vergangen, drängten sie wieder … und wenig später wieder. So ging das auch am nächsten Tag.

Wie froh war ich, als der Tag kam, an dem sie zurückkehrten. Fritz Urschitz kam zuerst ins Haus und sagte zu mir: »Gisela, ich bin mir sicher, dass ihr sehr viel für euren Papa gebetet habt. Es war wirklich ein Wunder, dass er heil aus dem Gewirr von fallenden Bäumen kam. Die Bäume, die wir gefällt hatten, waren an der Spitze mit Lianen verbunden. Keiner fiel um. Als nichts mehr half, wagte sich Hans in die Mitte um den letzten großen Baum zu sägen. Durch das Geräusch der Motorsäge konnte er unmöglich das Knacken der fallenden Bäume hören. Als dann plötzlich die Säge festsaß, erkannte er die Gefahr. Ihm war klar, dass jede Sekunde zählte. Er rannte so schnell er konnte und wich den fallenden Urwaldriesen aus. Es war unglaublich – aber Gott hat ihn wunderbar bewahrt!«

Gott hatte unseren Kindern gezeigt, dass sie für ihren Papa beten sollten.

• Gisela Rüggemeier, Missionarin in Papua-Neuguinea und Mikronesien •

Gebet:
Bewahre uns, Gott. Achte auf jeden unserer Schritte. Wir brauchen dich. Es ist gut, dass du es immer gut mit uns meinst – egal was passiert. Amen.

Euer Vater weiß genau, was ihr braucht,
noch bevor ihr ihn darum bittet!
Matthäus 6,8

61

• »Mama, mit wem soll ich denn spielen?«, klagt Anita. Die meisten ihrer Schulkameraden wohnen am anderen Ende von Tokio – 1 1/2 Stunden Zugfahrt entfernt. »Hört Gott unser Gebet um Freunde eigentlich nicht?« Fragend schauen sich Mutter und Tochter an.

Zwei Wochen später kommt Anitas Mutter strahlend vom Elternabend nach Hause. Sie erzählt: »Da ist doch die Neue in deiner Klasse, die kein Deutsch kann.« – »Die Tina?« – »Ja, und dreimal darfst du raten, wo sie wohnt.« – »Weiß nicht«, meint Anita. »In unserem Stadtteil!« – »Echt, erzähl!«

Geduldig erklärt Mama: »Tinas Papa ist Deutscher. Nächstes Jahr werden sie nach Deutschland umziehen. Bisher haben sie wie Japaner gelebt. Die Kinder kennen sich in Deutschland nicht aus, sie wissen auch nicht, was eine Kirche oder Religionsunterricht ist.«

Jetzt hat Anita es eilig: »Darf ich mit Tina spielen?« – »Na klar!« Schnell werden Pläne geschmiedet und Telefonate geführt.

Am nächsten Mittwoch strahlt die Sonne. Heute kommt Tina zum Spielen. Zuerst beschäftigen sie sich mit dem Hamster. Sie tuscheln schon wie zwei alte Freunde, mal auf Japanisch, mal auf Deutsch. Sie klettern auf Bäume und werfen Eicheln nach unten. Als Tina sich verabschiedet, ruft sie bereits in perfektem Deutsch: »Tschüss und danke!«

Anita ist unsere Tochter, und wir sind froh, dass sie in Japan wieder Freunde gefunden hat.

• Dorothe + Joachim Kappus, Missionare in Japan •

Anita Kappus mit Freundin Tina

Gebet

Gebet:
Danke, Vater im Himmel, dass du mir Freunde gibst
und dass ich in deiner großen Welt mithelfen darf,
dass auch andere glücklich werden und von dir erfahren. Amen.

Yakisoba

Mmh, lecker!

»Essen wie in Japan«

Hier ein (auch für europäische Geschmacksnerven) schmackhaftes Kochrezept aus dem »Land der aufgehenden Sonne«.
Einfach mal ausprobieren!

Yakisoba
Yaki = Braten, Soba = Nudeln, ein Lieblingsrezept vieler Kinder in Japan

Zutaten pro Person:

Weißkraut

- 150 g fertig gekochte Nudeln
- 1 Karotte (in feine Streifen geschnitten)
- 1/4 Kopf Weißkraut (in große Stücke geschnitten)
- 1/2 mittelgroße Zwiebel (in grobe Stücke geschnitten)
- 50 g Fleisch (in dünne Scheiben geschnitten, wie Wurst), alternativ Hackfleisch oder Schinken
- 30 cl Wasser
- etwas Soßenpulver
- Öl

Yakisoba

Zwiebeln mit Knoblauch

Zubereitung:

1. Fleisch und Gemüse mit einem scharfen Messer zurechtschneiden.
2. Öl in der Pfanne erhitzen und das Fleisch samt Gemüse unter ständigem Schwenken andünsten.
3. Gekochte Nudeln und Wasser hinzufügen und gut vermengen.
4. Wenn das Wasser verdunstet ist, etwas Soßenpulver darüber streuen und umrühren.
5. Wird mit Stäbchen gegessen!

Guten Appetit!

• Dorothea Ockert, Missionarin in Japan •

62

Denn der Engel des Herrn beschützt die,
die ihm gehorchen, und rettet sie.
Psalm 34,8

• Das Jahr 1949 ist als ein denkwürdiges Jahr in die Geschichte Chinas eingegangen. Am 1. Oktober wurde in Peking die Gründung der Volksrepublik ausgerufen. Etwa ein Jahr später zogen die Soldaten auch in unsere Stadt ein.

Jemand kam mit eiligen Schritten durch unser Hoftor und rief: »Betet, betet, Jetzt kommt dle Wltwe Chang dran!« Schon viele reiche Bürger unserer Stadt waren gequält oder getötet worden. Witwe Chang war zwar nicht reich, hatte aber doch einige Reisfelder in ihrem Besitz.

Wir schrien zu Gott um Hilfe für Witwe Chang. Noch am selben Abend erschien Frau Chang freudestrahlend. Wie war es ihr ergangen?

Sie wurde in ihrem Haus festgehalten. Ihre Hände wurden auf den Rücken gebunden und ein dicker Stock unter den Armen durchgesteckt. Daran wurde ein Strick befestigt und dieser oben über den Dachbalken geworfen. Ein Soldat fing an, am Strick zu ziehen. Ein kräftiger Ruck, und noch ein Stück. Ihre Füße würden gleich vom Boden abheben. Da, was war das? Der Strick riss mitten entzwei! Der nächste Strick wurde geholt, und wieder ging das Ziehen los.

Alle Umstehenden trauten ihren Augen kaum – auch der neue Strick riss wieder.

Einige sagten fast ehrfürchtig: »Die glaubt an Gott, der hilft ihr.«

Da verließ die Meute der Soldaten das Haus von Witwe Chang.

• Schwester Magdalena Rösti,
Missionarin in China •

Gebet:

Danke, Jesus, dass wir zu dir gehören.
Das ist gut! Bitte hilf uns heute bei allem,
was wir tun und lassen. Amen.

Schwester Magdalena Rösti
ca. 1930, China

»Jetzt ist die Zeit gekommen«, verkündete er.
»Das Reich Gottes ist nahe!
Kehrt euch ab von euren Sünden
und glaubt an diese gute Botschaft!«

Markus 1,15

63

Die gute Nachricht

• Ich wollte eigentlich einen Besuch machen, doch man begrüßte mich mit den Worten: »Ludwina ist nicht da! Sie musste ins Krankenhaus und ist nun in ihrem Heimatdorf.« Also besuchten wir sie dort. Auf die Frage, warum sie im Krankenhaus liege, sagte sie nur: »Man hat mir etwas aus der Brust herausgeschnitten und nach Australien zur Untersuchung geschickt.«

Nachdem wir mit ihr gebetet hatten, ließen wir sie in ihrer bohrenden Ungewissheit allein. Für sie und uns war klar: Ein Geschwür musste auf Krebs untersucht werden. Doch die Antwort würde erfahrungsgemäß Wochen brauchen.

Nach zwei Wochen hatte ich wieder die Möglichkeit Ludwina zu besuchen. Ich wollte wissen, wie das Ergebnis denn ausgefallen sei. Als ich sie sah, war ihr die Anspannung immer noch ins Gesicht geschrieben. Auch ohne Worte wusste ich, dass sie noch keine Antwort hatte. Die Ungewissheit schien ihr alle Kraft zu rauben.

Wieder eine Woche später sprach ihr Gesicht von einer »guten Nachricht«, einem »Evangelium« (so heißt »gute Nachricht« auf Griechisch). »Ich habe das Ergebnis bekommen«, sagte sie voll Freude und Erleichterung, »die Ärzte haben nichts Bösartiges gefunden!«

Evangelium heißt seitdem für mich, dass ein Mensch die Gute Nachricht von Gott hört – und dass er aufatmen kann, weil er eine Zukunft hat.

• Ulrich Schmalzhaf,
Missionar in Papua-Neuguinea •

Gebet:

Herr, ich danke dir, dass ich diese Gute Nachricht gehört habe. Hilf mir, dass ich wirklich aus deinem Evangelium leben kann, wenn Angst und Sorgen kommen. Deine Gute Nachricht soll nicht nur in meinem Gesicht zu lesen sein, sondern in meinem ganzen Leben. Amen.

Aber es reicht nicht, nur auf die Botschaft zu hören – ihr müsst auch danach handeln! Sonst betrügt ihr euch nur selbst.

Jakobus 1,22

• Wir waren unterwegs auf der langen Fahrt von einem Jugendwochenende nach Hause. Im Auto war es heiß, wie so oft am späten Nachmittag. Wir alle waren müde und k.o., auch unser malawischer Mitarbeiter. Das Wochenende war gut verlaufen. Die Jugendlichen waren begeistert dabei gewesen und auch sonst hatte alles sehr gut geklappt. Nur noch eine halbe Stunde und wir konnten uns richtig ausruhen.

Plötzlich schreckten wir auf. Wir waren sofort hellwach. Direkt vor uns, mitten auf der Straße, tauchte ein Mann auf und gestikulierte wild mit seinen Armen. Ich konnte gerade noch ausweichen. Das musste wohl ein »Misala« sein, ein etwas verwirrter oder geisteskranker Mensch. Solche trifft man hier in Malawi immer wieder an. Sie sind oft unberechenbar und können sogar gefährlich werden.

Wir waren schon weitergefahren, als plötzlich meine Frau meinte: »Du, Johannes, war das nicht Maseko?« Da könnte sie Recht haben, dachte ich. Den verrückten Maseko hatten wir in unserem Wohnort kennen gelernt und manchmal konnte man sich sogar gut mit ihm unterhalten. Ich überlegte kurz, hielt dann das Auto an und setzte zurück. Maseko sprang sofort auf den Rücksitz und freute sich sichtlich über die angebotene Mitfahrgelegenheit. Nach ein paar Kilometern klopfte er plötzlich an die Fensterscheibe und machte dadurch deutlich, dass er wieder aussteigen wollte. Wir hielten am Straßenrand und er ging lachend davon. Einige Minuten war es sehr still im Auto, dann meinte plötzlich unser malawischer Mitarbeiter: »Johannes, was du da gerade gemacht hast, hat mir mehr bedeutet als das ganze Jugendwochenende. Das würde hier niemand tun. Für so einen Menschen würde hier niemand anhalten. Durch dein Handeln hat Gott mehr zu mir gesprochen als durch alle guten Bibelarbeiten und Andachten, die wir am Wochenende gehört haben.«

• Johannes Urschitz, Missionar in Malawi •

Gebet:

Herr, hilf uns, dass wir dein Wort nicht nur hören, sondern auch tun. Wir möchten so leben, dass andere an unserem Handeln merken, dass wir deine Kinder sind. Amen.

Denn wir wissen: Wenn dieses irdische Zelt, in dem wir leben, einmal abgerissen wird – wenn wir sterben und diesen Körper verlassen –, werden wir ein ewiges Haus im Himmel haben, einen neuen Körper, der von Gott kommt und nicht von Menschen.

2. Korinther 5,1

• Es ist der 10. November 1955. Missionarin Rosa Kocher zieht mit all ihren Habseligkeiten in die Missionsstation Tachi (Taiwan) ein.

Zwei Tage lang ist sie mit dem Einrichten des gemieteten Hauses beschäftigt. Am Sonntagmorgen will sie darin die erste Veranstaltung bestreiten. Samstagnachmittag gegen 17:00 Uhr spürt sie plötzlich sehr starke Herzschmerzen und ruft die im Haus wohnende Frau zu Hilfe. Der Arzt versucht sein Bestes – doch die Kräfte nehmen schnell ab.

Ihre letzten Worte an die um ihr Bett stehenden Chinesen sind:

»Meine Heimat ist nicht in Deutschland und nicht in Formosa (so hieß früher das Land Taiwan), sondern droben im Himmel.«

Und nach ein paar Augenblicken Stille sagt sie noch: »Jetzt gehe ich!«

Dann stirbt sie.

Beerdigung von Schwester Rosa, 1955 in Taiwan

• Albert Achenbach, ehem. Missionsdirektor der Liebenzeller Mission •

Schwester Rosa Kocher, 1955 in China

Gebet:

Unser Vater, der Tod ist für viele von uns noch so weit weg. Wir möchten aber so gerne bereit sein, dir zu begegnen.

Bei dir sind wir zu Hause. Danke, dass das so sein wird.

Amen.

Gott selbst hat uns geboten, nicht nur ihn, sondern auch unseren Nächsten zu lieben.
1. Johannes 4,21

• Samstagmorgen: Auf dem Markt von Ta-Ya in Taiwan herrscht Hochbetrieb. Wir sind mit unserem Bücherstand mitten drin. Scharen von Hausfrauen und Opas quälen sich durch die Gassen des Dorfkerns.

Ein alter grauhaariger Mann drängt sich mit seinem Moped durch die Menge. Über dem Vorderrad hat er einen Lautsprecher befestigt. Dieser plärrt ständig einen Werbespruch für Hühnerbrühe hinaus. Die angepriesene Spezialität befördert er portionsweise abgefüllt in Schraubgläsern in einer Holzkiste auf dem Gepäckträger.

Ich schiebe ihm ein Traktat zu. Auf der Titelseite ist der ehemalige Finanzminister abgebildet. »Oh, das ist mein Bruder!«, reagiert mein Gegenüber. »Wir sind Brüder in Christus.« Er will mir gerade erklären, wo er zum Gottesdienst geht, als eine neue Salve des Werbetextes unsere weiteren Worte untergehen lässt. »Hühnerbrühe, leckere Hühnerbrühe ...« Noch schnell ein freundliches Zulächeln und schon ist der Händler hinter der nächsten Menschentraube verschwunden.

Wie stolz und froh er sich als »Bruder des Finanzministers« bezeichnet hat! In der Gesellschaft steht er, was Ansehen und Position betrifft, weit unter dem bekannten Politiker. Durch den Glauben aber ist er ein Kind Gottes – und dadurch ein Bruder des Finanzministers. Das verbindet. Das zählt.

• Jürgen Grodde,
Missionar in Taiwan •

Straßenszene in Taiwan

Gebet:
Herr Jesus, wo uns Liebe fehlt, gib uns die Liebe zu deinen Kindern. Hilf uns, einander ohne Vorurteile zu begegnen und uns gegenseitig anzunehmen. Amen.

67

Heile du mich, Herr, dann werde ich gesund,
hilf du mir, dann ist mir geholfen.
Ich preise nur dich allein.

Jeremia 17,14

• Es war wieder einer dieser geschäftigen Tage. Viele Menschen kamen an die Haustür. Wie froh war ich, als ich mich endlich an die Hausarbeit machen konnte. Doch dann kam noch eine Frau. Sie war mir bekannt als treue Christin aus Bana, das liegt zwei Stunden Fußmarsch entfernt. Ihr Sohn war sehr krank, gelähmt und wurde nach 6 Monaten aus dem Krankenhaus entlassen, ohne dass sich sein Zustand gebessert hatte. Sie tat mir so Leid! Nun stand sie da und behauptete fest: »Gott hat mir eine Antwort auf meine Gebete gegeben.« Ich war sehr gespannt. »Gott sagte zu mir: Geh zu Gisela, sie hat Medizin für deinen Sohn.«

Da ich mir sicher war, dass ich keine Medizin vorrätig hatte, war ich innerlich sehr durcheinander. Doch sie ließ nicht locker. Sie war sich so sicher, dass sie mir sagte: »Notfalls übernachte ich vor deiner Haustüre. Doch ich gehe nicht ohne die Medizin nach Hause!«

So richtete sie sich häuslich ein und ich begann, das Mittagessen zu kochen. Ich wurde immer nervöser und bat Gott um Weisheit. Plötzlich erinnerte ich mich an einen Karton mit Medizin, der im untersten Fach eines Schrankes lagerte. Diese Medikamente waren für Neuguinea nicht geeignet, dachte ich. Beim Durchstöbern fand ich ein Mittel gegen Rheuma. Ich dachte: »Das ist es!«

Ich gab ihr das Medikament und bat sie wiederzukommen und mir zu berichten.

Nach zwei Wochen stand ihr Sohn höchstpersönlich vor meiner Haustüre. Er war die zwei Stunden zu Fuß aus den Bergen gekommen. Ich schaute in ein glückliches Gesicht. »Gott hat mich geheilt, siehst du, Gisela!«

Bis heute staune ich über diese Frau. Sie hatte sich nicht abschütteln lassen!

• Gisela Rüggemeier, Missionarin in Papua-Neuguinea und Mikronesien •

Gebet

Gebet:

Mächtiger Vater, du kannst heilen, wo wir keine Hoffnung mehr sehen. Bitte hilf uns heute, fest an deine Versprechen zu glauben. Amen.

68

Der HERR behütet dich, wenn du kommst
und wenn du wieder gehst,
von nun an bis in Ewigkeit.

Psalm 121,8

• Es war am 26. November 1995. Es gab politische Unruhen in Bangladesch. Diese Situation nutzten Räuberbanden für Überfälle. Sie schreckten auch vor Missionsstationen nicht zurück.

Am Abend packte ich meine Tasche, weil ich am nächsten Tag nach Dhaka (Hauptstadt von Bangladesch) fahren wollte. Ich befahl mich und alle auf der Station dem Herrn an und sank todmüde ins Bett.

»Beng, Beng, Beng!« Der Nachtwächter schlug um Mitternacht die Glocke. Aber da war noch ein anderes Geräusch, das mich hellwach machte. Mit einem Sprung war ich aus dem Bett. Ich zitterte am ganzen Körper. Ein Überfall! Ich hörte, wie Schlösser aufgebrochen wurden. Ich schrie zu Gott um Hilfe. Dann hörte ich sie unmittelbar vor meiner Tür. Die Nacht war stockfinster. Trotzdem öffnete ich vorsichtig die Tür.

Die Männer gingen einen Schritt zurück und stellten sich dann als »Räuber« vor! Sie wollten Geld!

Obwohl Räuberbanden in Bangladesch normalerweise ihre Opfer schlagen und misshandeln, rührten sie mich nicht an. Als ich ihnen die Einnahmen des Tages gab, waren sie außer sich vor Freude. Danach bat ich sie, mich wieder ins Haus zu bringen, da ich kein Licht dabei hatte. So begleitete mich die ganze Gruppe und blieb eine Stunde bei mir. »Wir haben Zeit«, meinten sie.

Der »Räuberhauptmann« blieb an meiner Seite. Ich schenkte ihm einen handbetriebenen Kassettenrecorder und eine Kassette. Dann fragte ich die Räuber, ob ich mit ihnen beten dürfe. Während des Gebetes verließ einer nach dem anderen den Raum, nur der Räuberhauptmann konnte seinen Blick nicht von mir wenden. Ich legte meine Hand auf seinen Kopf und segnete ihn.

Als sie alle weg waren, überkam mich wieder die Angst. Ich ging zu meinen bengalischen Schwestern. Gemeinsam beteten und weinten wir. Es dauerte dann fast ein Jahr, bis ich wieder einigermaßen schlafen konnte.

Es stimmt: Auch in solch gefährlichen Situationen ist Gott dabei!

• Schwester Helga-Renate Weber,
Missionarin in Bangladesch und Kanada •

Gebet:

Vater, oft denken wir, dass du nicht bei uns bist, weil wir dich nicht sehen. Hilf uns zu glauben, dass du immer und überall da bist. Amen.

Schwester Helga-Renate Weber

Im Auftrag Gottes warne ich jeden von euch: Seid ehrlich in eurem Urteil über euch selbst und messt euch daran, wie viel Glauben Gott euch geschenkt hat.

Römer 12,3

• Pastor T. ist ein wirkliches Original. Schon rein äußerlich passt er nicht ins Bild, das man sich gemeinhin von einem Hochländer Neuguineas macht, denn anstelle des traditionellen Vollbarts trägt er ein keckes Spitzbärtchen.

Vorige Weihnachten hatte er wieder einmal zu Hause in seinem Dorf im Hochland verbracht. Natürlich wurde er eingeladen zu predigen. Im Gottesdienst – er war gerade feurig am Predigen – bemerkte er einen alten Mann, der im Hintergrund der grasgedeckten Buschkirche stand. Er kannte den Alten nicht persönlich, aber ihm fiel auf, dass der Mann weinte. Immer wieder bedeckte er seine Augen mit den Händen. Pastor T. legte noch etwas nach und predigte noch »feuriger«. Und wirklich – jedes Mal, wenn er den Alten anschaute, weinte der heftig.

Der sollte ihm nicht durch die Lappen gehen ... Beim letzten Lied schon bezog Pastor T. am Ausgang Stellung, um ihn abzufangen. Vielleicht war das der Anfang einer Erneuerung für die ganze Gemeinde?

Die Leute drängten sich an Pastor T. vorbei und gaben ihm die Hand. Doch der Alte lief an ihm vorbei – mit gesenktem Blick. Pastor T. rannte ihm nach und hielt ihn hinter der nächsten Hütte an. »Väterchen, was hast du? Hat dich das Wort Gottes so getroffen? Kann ich dir helfen?«

»Am besten gehst du weg«, kam die Antwort, »denn jedes Mal, wenn ich dich mit deinem Bart anschaue, muss ich an meine gute Ziege denken, die im letzten Monat gestorben ist!« So sprach er und brach erneut in Tränen aus.

Pastor T. hat diese Geschichte selbst erzählt. Für ihn war es ein deutliches Reden Gottes, sich selbst und sein Tun nicht so wichtig zu nehmen.

• René Bredow,
Missionar in Papua-Neuguinea •

Gebet:

Danke, Jesus, dass wir dir so wichtig sind, dass du für uns gestorben bist. Hilf uns, dir auch dann treu zu dienen, wenn wir nur die zweite Geige spielen. Amen.

Bewahrt die Gebote, die ich euch heute gebe, in eurem Herzen. Schärft sie euren Kindern ein. Sprecht über sie, wenn ihr zu Hause oder unterwegs seid, wenn ihr euch hinlegt oder wenn ihr aufsteht.

5. Mose 6,6+7

• Es ist Mittwochvormittag. Julia weiß schon, was heute dran ist. Sie wartet auf die anderen Kinder. Wo bleiben sie nur? Mama hat schon alles vorbereitet. Die Sofas sind zur Seite gerückt, die große rote Decke liegt ausgebreitet auf dem Boden. Ein Korb voller interessanter Spielsachen steht bereit. Endlich! Die Ersten kommen bereits. Julia freut sich und ist sehr aufgeregt. Heute ist »Baby-Bibel-Klasse«, ein besonderes Programm für unsere besonders Kleinen. Julia ist erst 1 ½ Jahre alt.

Wir singen, beten und schauen uns Bilder an, wie Gott die Welt erschaffen hat. Wir danken Gott für unsere Familien, für die Familie von Jesus und für die vielen verschiedenen Tiere mit ihren Familien. Danach schaut jedes Kind in einen Spiegel, der herumgereicht wird. Dabei singen wir: »Gott schuf Julia (Name d. Kindes), er hat sie gemacht, so wie sie ist, und er liebt sie jeden Tag.« Nach »Baby-Bibel-Klassen« gibt es Saft und Plätzchen. Jeden Mittwoch dasselbe Programm. Julia liebt es. Was für eine geniale Möglichkeit, den kleinen Kindern von Gottes Liebe und Größe zu erzählen.

P.S: Julia lebt mit ihrer Familie in Nairobi/Kenia.

• Stefan Hageneier,
Missionspilot in Tansania •

Familie Hageneier

Gebet:

Danke, Jesus, dass wir schon so früh in unserem Leben von dir hören dürfen. Du hast alle Menschen sehr lieb. Danke! Amen.

Warum regst du dich über einen Splitter im Auge deines Nächsten auf, wenn du selbst einen Balken im Auge hast?
Matthäus 7,3

• Ich hatte eine Kollegin, die in schillernden Farben von ihrer Arbeit berichten konnte. Man hatte den Eindruck, dass niemand so gut war wie sie. Das hat mich manchmal sehr geärgert. Als wieder einmal der Ärger in mir hochkam, habe ich meinem Herzen Luft gemacht – bei Gott. Ich betete.

Da kam mir plötzlich das bekannte Bibelwort vom Splitter im Auge meines Bruders und vom Balken in meinem eigenen Auge in den Sinn (siehe oben).

Beim Nachdenken darüber merkte ich, dass es der pure Neid war, der mich innerlich immer so in Aufruhr brachte. Meine Kollegin tat wirklich eine gute Arbeit.

So musste ich mich von Gott korrigieren lassen. Das größere Problem in der Beziehung zu meiner Kollegin war ich, war mein Neid.

Es war nun nicht so, dass der Ärger plötzlich weg war. Ich habe mich auch danach noch manchmal über sie geärgert. Doch immer war ich mir auch meiner eigenen Schwachheit bewusst. Das hat mir geholfen, barmherziger mit ihr umzugehen.

Gott liebt sie und mich und will uns beide in dieser Welt gebrauchen.

• Marianne Ulmer,
Missionarin in Taiwan •

Solche Balken im Auge?

Gebet:

Was ich jeden Tag brauche, Vater, ist deine Liebe.
Bitte hilf mir heute ein Herz für die Menschen zu haben, die ich treffe. Amen.

72

Und genauso lasst eure guten Taten leuchten vor den Menschen, damit alle sie sehen können und euren Vater im Himmel dafür rühmen.
Matthäus 5,16

• Elisa Retechur war noch vor einigen Jahren ein berühmter Zauberer gewesen. Außerdem hatte er viele seiner Feinde aus anderen Stämmen auf brutalste Art und Weise getötet. So wurde er auf Palau (Mikronesien) ein gefeierter Held.

Doch dann kam die große Wende: Er begann an Jesus zu glauben. Erschüttert und verwundert entdeckte Elisa, dass Jesus lebt und für ihn am Kreuz geblutet hat.

Er ließ sich taufen. Sein ganzer Besitz, seine Kraft und seine Zeit setzte er nun für Jesus ein. Er selbst blies die große Muschel (siehe Bild!), deren weithin hörbarer Sirenenton die Dorfbewohner zum Gottesdienst rief.

»Seht meine Hände an«, so sagte er oft, »sie haben blutige, unmenschliche Dinge getan!« Und dann nach einer kurzen Pause: »Seht meine Hände an. Seht ihr wirklich noch Blutspuren? Nein! Sie sind ganz rein. Jesus hat mich rein gemacht. Er hat mich befreit von jeder Schuld.«

Immer wieder sprach er in eindrucksvollen Bildern: »Seid doch nicht wie die Fledermäuse, die am Tag schlafen und nachts lebendig werden. Am Tag verstecken sie sich, nur im Dunkeln hört man sie kreischen. Seid Kinder des Tages und nicht Kinder der Nacht.« Die Einheimischen verstanden gut, was er meinte: »Lasst keine Heimlichkeiten in eurem Leben zu. Tut Gutes – öffentlich!«

• Schwester Hilde Thiem, Missionarin auf Palau (Mikronesien) •

Gebet:

Herr Jesus, bitte hilf uns dabei,
keine »dunklen« Dinge in unserem Leben zuzulassen.
Hilf uns, gut zu handeln. Danke, dass du uns das selbst vorgemacht hast. Amen.

Schaut die Vögel an. Sie müssen weder säen noch ernten, noch Vorräte ansammeln, denn euer himmlischer Vater sorgt für sie. Und ihr seid ihm doch viel wichtiger als sie.

Matthäus 6,26

• Kennst du die Geschichte vom ängstlichen kleinen Spatz? Er hat sich um alles Sorgen gemacht: Ob er je würde fliegen können, ob er genug zu essen bekäme, ob er ein Vogelweibchen kriegen würde …

Mir ging es auch wie diesem Spatz. Bald sollte meine Hochzeit sein. Und kurz davor war mein Konto fast leer. Wie sollten wir die Hochzeit bezahlen? Ich machte mir solche Sorgen, dass ich nicht mehr schlafen konnte. An diesem Sonntag predigte ein Pastor über den Bibelvers mit den Vögeln. Er sagte: »Wenn Gott die kleinen Vögel versorgt, wie viel mehr wird er für dich sorgen! Gott ist größer als deine Probleme in der Schule, größer als deine Angst, größer als alles, auch größer als dein Bankkonto.« Das traf mich wie ein Blitz: Für Gott ist mein leeres Bankkonto kein Problem!! Und wisst ihr, was danach passiert ist?

Nein, ich habe nicht im Lotto gewonnen. Aber immer, wenn ich Geld brauchte, habe ich von irgendwoher Geld bekommen. Mein Konto ist nie ganz leer geworden. Gott hat mich jeden Tag mit dem versorgt, was ich brauchte.

Probier's doch mal aus. Sag Jesus, was dir zu schaffen macht und bitte ihn, dass er dir hilft. Er tut das gern.

• Anne-Christine Strauß,
Missionarin in Bangladesch •

Wenn Gott sogar einen Spatz versorgt …

Gebet:

Du bist größer als alles, allmächtiger Gott.
Bitte hilf mir, das auch fest zu glauben.
Ich will dir vertrauen.
Ich traue dir alles zu. Amen.

Deshalb haltet daran fest: Ihr seid für die Sünde tot und lebt nun durch Christus Jesus für Gott!
Römer 6,11

• Wir wollten eigentlich nur die wunderschöne Buschdorfkirche besuchen, platzten aber mitten in eine Hochzeitsfeier hinein. Da wir so herzlich willkommen geheißen wurden, blieben wir für den Gottesdienst, hatten aber vor, uns vor dem anschließenden Festessen schnell davonzuschleichen. Diese Hochzeit werde ich nie vergessen. Nicht wegen des Brautpaars, das sich ganz westlich in Anzug und weißes Brautkleid hineingezwängt hatte und sicherlich fürchterlich in der Hitze litt – sondern wegen der Predigt, die mir durch Mark und Bein ging.

Der Pastor redete den Bräutigam ziemlich direkt an: »Weißt du eigentlich, was du bist?« – »Ein Christ«, meinte der etwas verlegen. »Ja, das stimmt. Aber wenn du wirklich Christ bist, bist du noch etwas anderes! Weißt du, was ich meine? Nein? Dann will ich es dir sagen! Du bist tot!« – Alle Köpfe in der Kirche gingen ruckartig in die Höhe. »Von diesem Moment an bist du tot – tot für alle anderen Frauen. Was ist nun, wenn deine Frau keine Kinder bekommt? Hörst du dann auf die Worte deiner Verwandten, dass du eine andere dazu heiraten sollst, wie es die Heiden in unserem Land machen? Nein, du bist tot, deine Ohren sind tot, du kannst und willst ihre Worte nicht hören. Oder was ist, wenn deine Frau älter wird und ein hübsches Mädchen kommt daher? Wird sie dich dazu bringen mit ihr zu gehen? Nein, deine Augen sind tot, du kannst sie gar nicht sehen. Deine Augen ›leben‹ nur noch für deine Frau. – Und genauso sollst du als Christ auch für Gott leben, nur für ihn allein. Vergiss alles, was diese Beziehung kaputtmachen will.«

Der Pastor sagte dann noch etwas Ähnliches zu der Frau, aber ich konnte nicht mehr zuhören. Gott hatte mir selbst genug zum Verdauen vorgesetzt.

• René Bredow, Missionar in Papua-Neuguinea •

Gebet:

Gott, wir wollen alles jetzt und hier, sofort und nur vom Besten. Du aber lehrst uns, nur für dich zu leben – wie Jesus das auch getan hat. Hilf uns! Amen.

Überlass dem HERRN die Führung deines Lebens und vertraue auf ihn, er wird es richtig machen.
Psalm 37,5

75

• Ich war gemeinsam mit Pastor Goto aus Japan zu einer Erkundungsreise nach Bangladesch unterwegs. Wir wollten Möglichkeiten ausfindig machen, ob und wie wir in diesem Land mit Missionaren arbeiten könnten. Wir trafen uns am Flughafen in Kalkutta. Dort mussten wir zwangsweise stundenlang im Wartesaal sitzen, bis der nächste Flug möglich war.

Wir redeten viel miteinander und beobachteten die vielen Menschen, die sich durch den Flughafen »schoben«.

»Du, die Frau, die dort gerade auf uns zukommt«, machte mein japanischer Bruder mich aufmerksam, »die sieht doch aus wie eine Missionarin, oder nicht?« – »Richtig«, stimmte ich zu, »und der Mann, der jetzt eintritt, könnte Deutscher sein.«

Das mussten wir ausfindig machen ... Goto-san ging auf die »Missionarin« zu, und ich wandte mich an den angeblichen Deutschen. Es stellte sich heraus, dass wir beide Recht hatten. Die Frau war eine finnische Missionarin, die in Bangladesch arbeitete. Der Mann war wirklich deutscher Staatsbürger, Vertreter der Firma Siemens für medizinische Geräte in Asien. Wir erfuhren, dass die Regierung in Bangladesch für ihr bestes Krankenhaus gerne einen Röntgenapparat kaufen würde. Das einzige Problem war für die Regierung, dass sie kein ausgebildetes Fachpersonal für die Bedienung dieser Apparate hatten. »Die haben wir!«, konnte ich anbieten, »ausgezeichnete Krankenschwestern!« Wir kamen weiter ins Gespräch. Der Herr von Siemens beschaffte uns einen Termin beim Gesundheitsminister von Bangladesch.

So ebnete sich der Weg für den Beginn unserer Missionsarbeit in Bangladesch!

So groß ist Gott!

• Ernst Vatter, Missionar in Japan und ehem. Missionsdirektor der Liebenzeller Mission •

Gebet:

Unser Herr, wir überlassen dir auch heute die Führung unseres Lebens. Und wenn's mal nicht so gut aussieht – lass uns immer daran festhalten, dass du es richtig machst. Wir vertrauen dir! Amen.

Wenn du durch Wasser gehst, werde ich bei dir sein. Ströme sollen dich nicht überfluten!

76

Jesaja 43,2a

• Es war an Ostern 1999. Seit acht Wochen war ich im Einsatz auf der Bibelschulstation Gavuvu. Ich wollte gemeinsam mit sechs Bibelschulstudenten und einer Missionarin für eine Woche an die Westküste der Insel fahren. Am Abfahrtstag las ich in der Bibel das Versprechen aus Jesaja 43,2a: »Wenn du durch Wasser gehst, werde ich bei dir sein. Ströme sollen dich nicht überfluten!«

Eine siebenstündige Fahrt mit voll beladenem Auto lag vor uns. Bald erreichten wir eine Brücke über einen breiten, tiefen Fluss. Wäre unser Auto nur 10 cm breiter gewesen, hätten wir die klapprige, etwa 15 m hohe Holzbrücke nicht überqueren können. Konzentrierte Autoakrobatik war angesagt. Unter uns gurgelndes, schäumendes Wasser. Als wir das andere Ufer erreichten, dankte ich Gott – und bewunderte die Fahrerin. Es war eine schöne Zeit im Arowe-Gebiet.

In der Nacht vor unserer Rückfahrt erzitterte unerwartet das Buschhäuschen. Ein starkes Erdbeben und ein gewaltiger Tropenregen schreckten uns unsanft aus dem Schlaf.

Das Erste, was wir am nächsten Morgen hörten, war: »Die Holzbrücke ist stark beschädigt und nicht mehr befahrbar.« Wir baten Gott um seinen Schutz. Einige Neuguinesen fanden eine zum Überqueren geeignete Stelle. Langsam, mit eingeschaltetem Vierradantrieb, quälten sich die Autoräder durch den lockeren Flusssand ans andere Ufer. Plötzlich ein kräftiger Ruck, das Auto stand! Ein im Wasser liegender Baumstamm hatte uns gestoppt. Im Nu drang Wasser ins Wageninnere. Mein Herz schlug bis zum Hals. Geistesgegenwärtig schaltete die Missionarin den Rückwärtsgang ein, um dem Hindernis auszuweichen. Es gelang und mit Vollgas erreichten wir das rettende Ufer. Mit schlotternden Knien und zitternd stiegen wir aus unserem triefenden Gefährt.

• Christa Hammel, Missionarin in West-Neubritannien (Papua-Neuguinea) •

Gebet:

Danke, Gott, dass du mir heute in meinem Alltag ganz nahe bist. Bitte behüte alle, die in deinem Auftrag unterwegs sind. Amen.

Ich bin froh / Mit ihm jeden Tag

Originaltitel: Yesu wanga / Muyaya muyaya wamuyaya

Text und Melodie:
aus Malawi / Afrika, Deutsch: Armin Jans

© (Deutscher Text) 2004 Hänssler Verlag, D-71087 Holzgerlingen

Sprich dich aus

Originaltitel: Innotte goran yo

Text und Melodie: Frances Towle Rath
Japanisch: Yamazaki. Deutsch: Armin Jans

© (Deutscher Text) 2004 Hänssler Verlag, D-71087 Holzgerlingen

77

Führe und leite mich um der Ehre deines Namens willen.
Psalm 31,4b

• Zur Zeit unseres Sprachstudiums in Bangladesch wohnten wir in der Provinzstadt Barisal im Süden des Landes. Statt mit dem Bus zu fahren, nahmen wir oft das Nachtschiff, das sein Ziel normalerweise in zwölf Stunden erreichte. Bei klarem Himmel konnten wir den Mond und die Sterne beobachten und freuten uns an Gottes Schöpfung. Oft waren wir so richtig dankbar, dass der Herr, der das Weltall und alles geschaffen hat, auch unser kleines Leben in den Händen hält und auf uns aufpasst. Nur so konnten wir uns beruhigt schlafen legen, auch wenn die Schiffe total überbelegt (und manchmal auch reparaturbedürftig) waren.

Es war auf einer dieser Schifffahrten, als ich kurz nach Mitternacht aus dem Schlaf gerissen wurde. Menschen schrien vor Aufregung durcheinander und das Schiff kam mit einem gewaltigen Ruck zum Stehen. Schnell rappelte ich mich auf und drängte mich vor bis aufs Deck. Dort sah ich im Licht der Scheinwerfer, dass das Schiff direkt auf das steile Ufer aufgelaufen war. Die Aufregung und der Schrecken waren groß.

Es dauerte einige Zeit, bis das Schiff wieder klar war.

Als ich wieder in meine Koje kroch, stellte ich mir vor, was sonst noch alles hätte passieren können. Ich musste daran denken, dass unser Leben ohne Führung, ein Leben ohne Jesus Christus, einem Schiff ohne Ruder gleicht. Dagegen: Ein Leben, das von Jesus geführt wird, bleibt in der Spur!

• Michael Kestner,
Missionar
in Bangladesch •

Regine und Michael Kestner

Gebet

Gebet:
Danke, HERR Jesus,
dass du uns führst und behütest. Amen.

Glücklich ist der Mensch, der nicht auf den Rat der Gottlosen hört, ... voller Freude tut er den Willen des Herrn und denkt über sein Gesetz Tag und Nacht nach.

Psalm 1,1+2

Ein »frommer Laden« ...

• Kekse, Spülmittel, Geschirr, Schraubenzieher, Batterien, Kaugummi, Eier, Zeitungen – alles gibt es in diesem Tante-Emma-Lädchen an der Straßenecke.

Mitten drin Herr Liau, der taiwanesische Inhaber. Mit hoch gezogenen, übereinander geschlagenen Beinen sitzt er auf einem orangenfarbigen Badetuch. In vier Lagen zusammengelegt polstert es seinen harten Holzstuhl. Vor Herrn Liau steht ein im Ziehharmonikastil gefaltetes Buch auf einem Leseständer. Halb lesend, halb nachdenkend schaut er wohlgefällig in das hochformatige buddhistische Buch. Fast tut es ihm weh, seine Studien unterbrechen zu müssen, als wir zu Besuch kommen. Auf die Frage, was er denn gerade liest, beginnt er bereitwillig, uns einen Vortrag über die Möglichkeit eines »reinen Lebenswandels« zu halten. Nach zehn Minuten kommen wir zu Wort. Wir erklären ihm, was die Bibel über das Herz des Menschen sagt, reden von Sünde und Vergebung und von einem Leben mit Gott.

Wir waren schon oft bei Herrn Liau, haben uns schon über vieles ausgetauscht. Wird er eines Tages zum christlichen Glauben finden und einmal genau so eifrig das Wort Gottes studieren wie jetzt seine buddhistischen Texte?

Gott interessiert sich für ihn!

• Jürgen Grodde,
Missionar in Taiwan •

Laden in Taiwan

Gebet:

Danke, Herr Jesus, dass wir dein Wort haben.
Lass es uns eifrig studieren, immer mehr
von dir verstehen und gerne weitersagen. Amen.

79

Die Augen des Herrn blicken über die ganze Erde, um die zu stärken, deren Herzen ganz ihm gehören.

2. Chronik 16,9

• »Post, Bank, Supermarkt, Baumarkt«, stand auf meiner Liste für die morgendliche Stadtfahrt in Ndola, Sambia. Um 11 Uhr sollte ich zurück sein, damit wir pünktlich um 12 Uhr Mittag essen konnten.

Heimgekommen, legte ich Tasche und Geld ins Büro und begann das Mittagessen vorzubereiten. Es klappte. Um 12 Uhr konnten wir essen. Mitten beim Essen beschlich mich ein unangenehmes Gefühl:

Das Geld, das ich im Büro abgelegt hatte, war so leicht gewesen. Ich hatte aber eine große Summe abgehoben. »Es fehlt Geld!«, dachte ich erschrocken, rannte ins Büro und rechnete nach. Tatsächlich: Es fehlten 1 Mio. Kwacha (ca. € 300). Mir wurde heiß und kalt. Konnte es sein, dass ich auf der Bank nicht aufgepasst hatte?

Kurz entschlossen sprang ich ins Auto und fuhr zurück zur Bank. Unterwegs überlegte ich hin und her, was wohl geschehen würde, wenn …

»Herr, deine Augen sehen das Geld!«, seufzte ich. Mit zitternden Knien betrat ich die Bank. Noch bevor ich den Schalter erreicht hatte, winkte mir der Angestellte mit einem Bündel Banknoten entgegen! Mir kamen fast die Tränen. Nicht nur, weil ich das Geld wieder hatte, sondern auch weil dieser Bankangestellte der Versuchung widerstanden hatte, das Geld einfach verschwinden zu lassen. Sehr ungewöhnlich!

• Markus & Emmi Riegert,
Missionare in
Sambia und Tansania •

Familie Riegert

Gebet:

Danke, Herr Jesus,
dass deine Augen gerade
jetzt über uns offen sind und uns sehen.
Amen.

Und in seiner großen Macht wird er euch durch den Glauben beschützen, bis ihr das ewige Leben empfangt.

1\. Petrus 1,5

• Es war ein sonniger Morgen. Der Ausflug der Missionarsfamilien konnte also wie geplant stattfinden. Auch einige Freunde waren dabei. Am Strand lag bereits das zwölf Meter lange Auslegerkanu, das die 20 Erwachsenen und 12 Kinder aufnehmen sollte.

Ziel war eine kleine Außeninsel, etwa eine Stunde übers offene Wasser.

Und los ging's.

Irgendwann, mitten auf dem Meer, geschah es: Einige der Passagiere richteten sich auf, verließen die Stelle, wo sie saßen und bewegten sich auf der Plattform. Der jetzt entlastete Ausleger hob sich, wie in Zeitlupe, aus dem Wasser immer höher in die Luft. Alle fielen ins Wasser. Schreie, Rufe, Namen! Alle zappelten im Wasser und bemühten sich, auf den kieloben schwimmenden Bootskörper zu klettern. Die Eltern zogen ihre Kinder heraus.

In der großen Aufregung kam nur langsam der Überblick zurück. Wer fehlt noch?

»Jens! Martin!« Die Stimme des Vaters klang verzweifelt. »Wo sind Jens und Martin?«

Minuten vergingen, dann – endlich – jemand hatte Martin in einiger Entfernung bewusstlos aus dem Wasser gezogen. Wiederbelebungsversuche! Im hohen Bogen erbrach der Junge einen Schwall Wasser und schlug die Augen auf. Er lebte!

Noch einmal durchzählen. »Jens fehlt noch!«. Verzweifelte und suchende Blicke!

»Seid mal still! Hört ihr das?« Ein dumpfer Hilferuf! Tauchen! Unter das Boot! Und da ... in einer Luftblase im Rumpf des umgedrehten Kanus klammerte sich Jens an einer Latte fest und schrie verzweifelt um Hilfe. Oben auf dem Bootsrumpf nahm eine glückliche Mutter ihren Sohn entgegen.

Gott sei Dank!

• Paul-Gerhardt Koch,
Missionar auf Manus/Papua-Neuguinea •

Gebet:

Danke, lieber Vater, dass du damals auf die Missionare
und ihre Kinder aufgepasst hast. Bitte bewahre uns auch heute.
Danke, dass du immer bei uns bist. Amen.

81

Wer sich hier auf der Erde öffentlich zu mir bekennt, den werde ich auch vor meinem Vater im Himmel bekennen.

Matthäus 10,32

Es ist Montag und der erste Arbeitstag im neuen Monat.

• Herr Kawano kommt in seine Abteilung und begrüßt die anderen Mitarbeiter mit einer Verbeugung, wie es in Japan üblich ist. Als Abteilungsleiter möchte er ihnen gern ein guter Vorgesetzter sein. Aber er ist auch Christ und sucht immer wieder nach Gelegenheiten, seine Mitarbeiter an seinem Glauben teilhaben zu lassen.

Doch an jedem Monatsanfang, wie heute, hat er eine große Hürde vor sich.

Pünktlich um 9 Uhr ertönt der Gong und die ganze Belegschaft begibt sich in die große Bürohalle der Firma. Dort stellen sich alle in Reih und Glied auf, geordnet nach ihren Abteilungen. Sie schauen dabei in eine Ecke des großen Raumes, in dem an der Wand der kleine Götteraltar der Firma angebracht ist. Sie alle sind moderne Japaner. Und trotzdem möchten sie gemeinsam für den neuen Arbeitsmonat den Schutz und das Gelingen der japanischen Shinto-Götter erbitten. Herr Kawano aber glaubt an Jesus. Und selbstverständlich ist auch er für das Wohl der Firma mit verantwortlich.

Auf Kommando legen nun alle die Handflächen zusammen und verneigen sich tief vor den Göttern – nur Herr Kawano bleibt aufrecht stehen. Das fällt auf!

»Sie tun das alle aus Gewohnheit, weil man es eben in Japan so macht«, sagt er.

»Aber ich kann und will das nicht, denn ich glaube an den lebendigen Gott. Und wenn jemand unserer Firma helfen kann, dann doch nur Gott! Ich weiß nur nicht, wie lange mein Chef das mitmacht. Eigentlich würde es mich nicht wundern, wenn er mich bald entlässt. Doch ich vertraue Gott. Er hat mich noch nie im Stich gelassen!«

• Martin Meyer, Missionar in Japan •

Gebet:

Großer Herr, es ist nicht immer leicht, kompromisslos zu dir zu stehen. Bitte hilf uns, dass wir bei der nächsten Gelegenheit ganz fest zu dir halten. Es ist gut, dein Kind zu sein. Amen.

Doch mächtiger noch als das Wüten des Meeres, mächtiger als die Wellen am Ufer ist der HERR in der Höhe!

Psalm 93,4

• Meine Frau Olga und ich waren in unserem ersten Urlaub auf der thailändischen Halbinsel Krabi, deren Südwestküste nur mit einem Boot erreicht werden kann.

Eines Tages waren wir unterwegs mit dem Boot zu unserem Bungalow, als schwere Wolken aufzogen und starker Wind zu blasen begann. Wir hatten uns schon vom Festland entfernt, als wir in diesen Sturm gerieten. Der Indische Ozean tobte und die Wellen stiegen bis zu fünf Meter hoch. Unser Boot kam uns wie ein Walnussschälchen im Ozean vor. »Herr, werden wir hier im Meer untergehen? Mussten wir deswegen nach Bangladesch reisen und ein Jahr lang die bengalische Sprache lernen, um hier im Urlaub unterzugehen?« Solche und ähnliche Gedanken gingen mir damals durch den Kopf. Immer wieder wurden wir von den Wellen hochgenommen, um dann mit Wucht ein paar Meter tiefer zu fallen. Das Wasser schwappte ins Boot hinein und der starke Wind schlug uns ins Gesicht. So konnten wir gut nachempfinden, wie die Jünger Jesu sich damals im Sturm fühlten (Matthäus 14,22-33).

Wir sind dann schließlich, wenn auch total durchnässt, doch wohlbehalten am Ziel angekommen.

• Waldemar Lies,
Missionar in Bangladesch •

Familie Lies

Gebet:

Danke, Herr Jesus,
für alle deine Bewahrungen
auf dem Land, in der Luft und auf dem Meer.
Bitte schenke allen Missionaren, die heute unterwegs sind,
eine sichere Ankunft. Amen.

Aktions

Beten für die Welt

• Gott wünscht sich immer mit uns im Gespräch zu sein. Er möchte auch, dass wir für hilflose Menschen, ausweglose Situationen und hoffnungslose Konflikte beten. Gott nimmt unsere Gebete sehr ernst und reagiert darauf.

Wann beten?

Suchen Sie sich als Familie einen Zeitpunkt am Tag aus, an dem keine Hektik herrscht und keine Störungen zu erwarten sind, z.B. abends beim »Gute-Nacht-Sagen« oder morgens vor/nach dem Frühstück. Oder nehmen Sie sich am Wochenende eine »Extra-Missionsgebetszeit«.

Wie beten?

- »Globusgebet« > man nimmt einen Globus, sucht sich darauf ein Land aus und betet dafür
- »Gebetswürfel« > auf einen Würfel stichwortartige Anliegen (z.B. Missionare, Verfolgte, Politiker) kleben, würfeln und beten
- »Nachrichten-Gebet« > nachdem man die aktuellen Nachrichten gesehen oder gehört hat, für das beten, was besonders bewegt hat

Wofür beten?

Für Missionare:

- die fernab ihrer Heimat und Freunde Schwieriges erleben
- die nach Rückschlägen und frustrierenden Erlebnissen neue Motivation brauchen

seite

- die besondere Bewahrung vor Krankheiten, Unfällen und anderen Schicksalsschlägen benötigen
- die Trost brauchen, wenn Kinder ins Internat müssen
  Tipp: Gebetshefte/-poster/-newsletter nützen
  (das bieten viele Missionsgesellschaften an)

Für einheimische Christen

- die in ihrem Land eine Minderheit sind und bedroht oder verfolgt werden
- dass sie trotz ihrer andersgläubigen Prägung und Umgebung fest im Glauben bleiben
- dass sie den Mut haben, ohne Angst von Jesus weiterzuerzählen

Für Aktuelles:

- Politik / gesellschaftliche Entwicklungen
- Naturkatastrophen / Kriege
- Ängste, Sorgen, Probleme

**»Die Fürbitte
ist der größte Dienst,
den wir für Menschen
tun können.«**

(G. Rothacker)

• Anette Gerst, Tochter von Missionaren in Japan •

83

Nun werden alle, die sich auf den Sohn Gottes verlassen, nicht zugrunde gehen, sondern ewig leben!

Johannes 3,16b

• Der japanische Student machte einen guten Eindruck auf mich. Er musste in einem feinen Elternhaus aufgewachsen sein. Ich lernte ihn in einer Gemeinde in Tokio kennen, wo er sich engagiert in der Jugendarbeit einsetzte. Mit jeder Begegnung stieg meine Wertschätzung. Jeder merkte ihm an, wie gerne er Christ war.

Wie war es dazu gekommen?

Keiner aus seiner Familie konnte etwas mit dem christlichen Glauben anfangen. Ihr Familienleben verlief harmonisch und zufrieden. Doch dann wurde seine 24-jährige Schwester schwer krank. Trotz aller ärztlichen Bemühungen ging es ihr täglich schlechter. Keine Hoffnung mehr!

Sie war ständig bewusstlos. Ihr Bruder und die Mutter hielten ihre Hand.

Da, plötzlich, öffnete die 24-Jährige noch einmal die Augen weit und fragend. »Mama!«, sagte sie mit klarer Stimme, »Mama, was kommt jetzt? Was kommt jetzt?«

»Ich weiß es nicht, Kind, ich weiß es nicht!«, war alles, was die Mutter antworten konnte. Es war die letzte Unterhaltung …

Keine Antwort auf die letzte Frage des geliebten Menschen geben zu können, wie furchtbar! Nach der Beerdigung sagte die Frau entschlossen: »Junge, wir müssen die Antwort finden! Lass uns suchen!«

Der Student erzählte mir: »Wir fingen bei verschiedenen Religionen an, aber wir fanden die Antwort nicht. Erst bei Jesus fanden wir die Antwort auf die letzte Frage meiner Schwester!«

• Ernst Vatter,
Missionar in Japan und
ehem. Missionsdirektor
der Liebenzeller Mission •

Japanischer Student

Gebet

Gebet:

Danke, Jesus, dass wir durch dich hoffen können – ein Leben lang und über den Tod hinaus.
Es ist gut, mit dir zu leben! Amen.

34

Vertraue auf mich, wenn du in Not bist,
dann will ich dich erretten,
und du sollst mir die Ehre geben.

Psalm 50,15

• Ingkeny, ein Student der Bibelschule, war am frühen Morgen mit dem kleinen Boot zur Fahrt auf die Hauptinsel aufgebrochen. Bevor die Nacht anbrach, wollte er wieder zurück sein. Er machte sich rechtzeitig auf den Heimweg.

Doch plötzlich passierte es: Mitten in der großen Lagune, kurz vor seinem Ziel, versagte der Außenbordmotor seines kleinen Bootes und ließ sich nicht mehr anwerfen.

Unglücklicherweise hatte er kein Ruder dabei. Er war noch weit weg von seinem Ziel. In einer Stunde würde die Sonne untergehen und die Nacht hereinbrechen. Ingkeny spürte bereits, dass sein Boot von Wind und Wellen abgetrieben wurde.

Vor einigen Wochen hatte er in seiner Bibel das Versprechen Gottes gelesen: »Vertraue auf mich, wenn du in Not bist, dann will ich dich erretten, und du sollst mir die Ehre geben.«

Die ganze Nacht rief er zu Gott um Hilfe. Als er im Morgengrauen an einer kleinen unbewohnten Insel vorbeidriftete, warf er sich ins Meer und erreichte schwimmend das Ufer.

Schon am Abend wurde er in der Bibelschule vermisst. Auch hier riefen viele Menschen zu Gott um Hilfe. Parallel hatten Boote eine Suchaktion begonnen. Ingkeny wurde noch vor Sonnenuntergang des zweiten Tages gefunden. Gott hatte für alle sichtbar sein Versprechen gehalten.

• Schwester Hanna Bär,
Missionarin in Papua-Neuguinea und Mikronesien •

Typisches Auslegerboot in Mikronesien

Gebet:

Lieber Vater im Himmel, ich danke dir, dass ich zu dir rufen kann – und dass du versprochen hast, mir zu helfen. Amen.

Ihr seid jetzt meine Freunde,
denn ich habe euch alles gesagt,
was ich von meinem Vater gehört habe.
Johannes 15,15

35

Ein deutscher Harry Potter???

• Wir hatten mit der Gemeinde einen Kindernachmittag geplant. Deshalb gingen wir zu einer nahe gelegenen Schule, um Einladungen weiterzugeben. Endlich läuteten die Schulglocken und die Schule war aus. Die Kinder strömten aus dem Schulgebäude und wir gaben ihnen die Einladungen zum Kindernachmittag. Plötzlich blieben einige Kinder stehen und fingen an zu lachen: »Schaut mal! Da steht Harry Potter!« Ich drehte mich um, weil ich dachte, hinter mir stünde Harry Potter. Doch die Kinder meinten mich! Gut, ich habe eine Brille auf und habe braunes Haar. Aber das macht mich doch nicht gleich zu Harry Potter … Ich ging zu den Kindern und gab ihnen eine Einladung. Sie haben diese dann auch gerne genommen, schließlich begegnet man nicht jeden Tag einem Filmstar!

Dachten die Kinder wirklich, ich sei Harry Potter? Wenn sie mich näher kennen würden, dann wüssten sie, dass ich nicht wirklich Harry Potter bin!

Oft mache ich den gleichen Fehler und sage: »Gott muss so und so sein!« Doch ich liege dabei falsch, wie die japanischen Kinder bei mir. Gott ist oft anders, als wir denken.

Meine japanischen Freunde, mit denen ich viel Zeit verbringe, haben nie zu mir gesagt: »Du siehst aus wie Harry Potter!« Warum? Weil sie meine Freunde sind und mich kennen. Wir verbringen Zeit miteinander.

Jesus nennt seine Nachfolger auch »meine Freunde«. Damit meint er, dass sie ihn gut kennen.

Die Einladung an dich heute: »Lerne Jesus jeden Tag neu durch die Bibel kennen. Dann wirst du sehen, wie toll es ist, ein Freund von Jesus zu sein!«

• Sabine + Tobias Schuckert,
Missionare in Japan •

Tobias Schuckert oder Harry Potter?

Gebet

Gebet:
Herr Jesus, hilf mir, dass ich dich jeden Tag besser kennen und verstehen lerne! Dankeschön! Amen.

Auch wenn ich durch das dunkle Tal des Todes gehe, fürchte ich mich nicht, denn du bist an meiner Seite.

Psalm 23,4

• Für die »Inselstraße« – eine über 1.000 Kilometer lange Kette kleiner Koralleninseln in Mikronesien – beteten jahrzehntelang Christen aus aller Welt. Es gab jedoch keine Möglichkeit, das Evangelium dorthin zu bringen, bis wir die »Chen«, ein kleines hochseetaugliches Schiff, bekamen.

Von der Insel Puluwat aus planten wir einen Besuch zur nächsten unerreichten Insel. Einige Einheimische begleiteten uns. Da die Insel keinen geschützten Ankerplatz hatte, beschlossen wir zu einer sechs Stunden entfernten Lagune zu fahren, um im Schutz des Korallenriffs zu ankern. Einige einheimische Männer kamen mit, um dort zu fischen.

Doch dann passierte es: Wir rammten ein Riff. Jede Welle schob uns höher, bis das Schiff leck war. Wasser drang in den Maschinenraum! Wir konnten noch über Sprechfunk unsere Position durchgeben. Ob und wann Hilfe kommen würde, war nicht klar.

Fast eine Woche später (!) holte uns ein Regierungsschiff ab. Als wir unsere einheimischen Begleiter auf ihrer Insel absetzten, schenkten uns die Bewohner als Zeichen der Wertschätzung und Anteilnahme Unmengen einheimischer Lebensmittel.

Und als wir Jahre später wieder auf diese Insel kamen, durften wir sogar Besuche machen, Bibeln verteilen und am Sonntag einen Gottesdienst halten. – Unser Herr hat das Unglück benutzt, um die Herzen der Menschen zu öffnen!

• Siegfried Neumaier,
Missionar in Mikronesien •

Die »Chen I« vor Puluwat

Gebet:

Lieber Vater, wir wünschen uns für heute kein Unglück.
Doch egal, was heute und morgen sein wird –
du bist bei uns! Danke! Amen.

87

Dann wird dein Licht in der Dunkelheit aufleuchten und das, was dein Leben dunkel macht, wird hell wie der Mittag sein.
Jesaja 58,10

• Bei unserer zweiten Reise zur »Inselstraße« wollten wir die Insel Lamachek besuchen. Doch wir hatten keine Einladung und niemanden, der verwandtschaftliche Beziehungen auf dieser Insel hatte – und damit keinen offiziellen Grund, die Insel anzulaufen. So war das damals …

Da plötzlich, mitten auf dem Meer: ein Schlag, ein Rattern, der Schiffsmotor heulte auf. Ein armdicker Wasserstrahl schoss ins Innere des Schiffes. Es gelang uns das Leck zu schließen, aber wir konnten das Schiff nicht mehr steuern. Stundenlang drifteten wir auf dem offenen Meer ohne Land in Sicht. Dankbar stellten wir fest, dass der Wind und die Meeresströmung uns in Richtung Lamachek trieben. Als die hohen Baumwipfel der Insel am Horizont auftauchten, fuhren unser Kapitän und ein Missionar mit dem kleinen Beiboot los, um Hilfe zu holen. Würden sie es an Land schaffen? Wir warteten. Es wurde Nacht.

Mitten in der Nacht sahen wir immer wieder ein Licht aus den Wellen auftauchen. Sie suchten uns! Warum sahen sie uns nicht? Gegen Morgen kamen unsere Retter in einem kleinen von einem Dieselmotor getriebenen Kahn an. Sie nahmen uns ins Schlepptau. Vor der Insel warfen wir den Anker und mussten fast eine Woche warten, bis uns ein Schiff abholte. Das gab uns Gelegenheit mit den Leuten ins Gespräch zu kommen – auch ohne offizielle Einladung.

• Siegfried Neumaier,
Missionar in Mikronesien •

Die »Chen II« im unversehrten Zustand

Gebet

Gebet:
Es ist so gut, dass du,
Vater, auch in dunklen Zeiten bei uns bist.
Bitte gib uns heute einen hellen
und fröhlichen Tag. Amen.

88

»Diese Menschen ehren mich mit ihren Worten, aber nicht mit ihrem Herzen.«

Matthäus 15,8

• Der Heilige Abend im Jahr 1999 war bis zu diesem Zeitpunkt sehr schön gewesen. Wir hatten es uns mit ein paar Mitmissionaren gemütlich gemacht. Erst gab es ein köstliches Abendessen und später noch so manche andere Leckerei.

Die gute deutsche Schokolade, die mit einem Päckchen aus Deutschland angekommen war, musste möglichst schnell gegessen werden – andernfalls hätten wir sie trinken müssen. So heiß ist es in Malawi im Dezember.

Neben dem Genießen der ganzen Köstlichkeiten war Marianne auf die Idee gekommen einen besonderen Versuch zu starten. Würde es uns gelingen die ganze Weihnachtsgeschichte aus dem Lukasevangelium auswendig aufzusagen? Gesagt, getan. Keiner durfte eine Bibel zur Hand nehmen. Es ging kreuz und quer von einem zum anderen. Jeder, der weiterwusste, durfte einen Satz anhängen. Gerade waren wir bei einer brenzligen Stelle angekommen und es herrschte angespannte Stille. Margit war die Erste,

Schwarze Mamba

die wieder etwas sagte, aber zur Weihnachtsgeschichte passte ihr Zwischenruf ganz und gar nicht: »Hah, da kriecht was – das, das ist ja – eine Schlange!« Tatsächlich kroch da mitten in unserem Wohnzimmer eine Schlange auf dem Boden, eine schwarze Mamba, eine der giftigsten Schlangenarten Afrikas! Aus mit Spiel und Spaß! Jeder, der noch nicht auf einen Stuhl gesprungen war, bewaffnete sich mit irgendeinem »Schlangentöter«. Erst als der ungebetene Eindringling um einiges platter aus dem Haus geschafft war, kehrte langsam wieder Ruhe ein – und wir brachten sogar unsere Weihnachtsgeschichte zu Ende. Im Stillen konnte man jedoch beobachten, wie so mancher in der Runde ab und zu mal einen verstohlenen Blick unter das Sofa oder zur Decke hin warf.

Ich musste mir nach dem Erlebnis so denken: Es ist doch interessant, wie es diese Schlange geschafft hat, uns vom Eigentlichen abzulenken. Ist es nicht gerade an Weihnachten so, dass uns viele Dinge vom Eigentlichen, dem Kommen unseres Retters, ablenken wollen?

• Veronika Urschitz, Missionarin in Malawi •

Gebet:

Vater im Himmel, das wertvollste Geschenk, das wir je bekommen haben, ist und bleibt dein Sohn Jesus, den du aus Liebe zu uns geschickt hast. Erinnere du uns daran, wenn uns an diesem Weihnachtsfest andere, eigentlich nebensächliche Dinge ablenken wollen von deinem unvergleichlichen Geschenk! Amen.

Familie Urschitz

Da fragte Gott, der Herr, die Frau:
»Was hast du da getan?« –
»Die Schlange verleitete mich dazu«,
antwortete sie. »Deshalb aß ich von der Frucht.«
1. Mose 3,13

89

• Wir hatten mit der Zeit 15 junge Schüler auf Manus. Morgens arbeiteten sie für ihren Lebensunterhalt. Nachmittags lernten sie lesen und viele andere wichtige Dinge. Abends sangen wir mit ihnen und betrachteten gemeinsam einen Text aus der Bibel.

Interessant war es, als ich die Geschichte vom Sündenfall erzählte.

Es war schon spät, also machte ich es kurz. In knappen Worten erzählte ich die Geschichte:

Gott fragte Adam: »Hast du etwa von dem Baum gegessen, von dem ich dir gesagt hatte, dass du nicht davon essen sollst?« Adams Antwort war: »Ich nicht – die Frau war's!« Eva sagte: »Ich nicht – die Schlange war's!«

Die Kinder lachten. Ich fragte sie, was daran lustig sei.

Da hieß es: »Weil wir es genauso machen!«

So passt und trifft Gottes Wort überall – auch auf einer kleinen Südseeinsel.

• Herrmann Kraft, Missionar auf Manus (Papua-Neuguinea) •

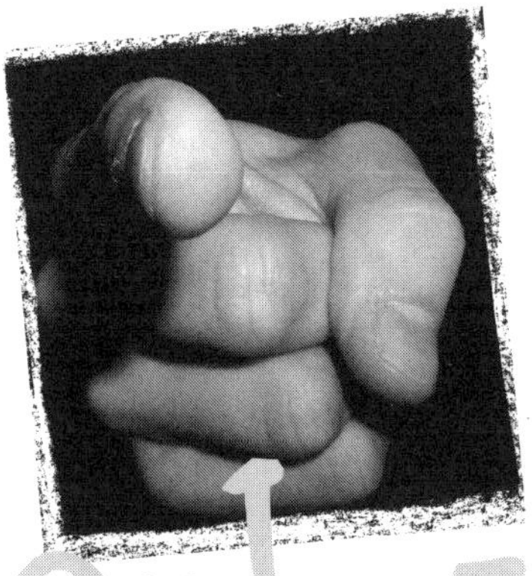

Wer war's?

Gebet:

Vater, oft schieben wir die Schuld auf andere Menschen oder Umstände. Hilf uns, immer ehrlich zu sein. Und danke, dass du uns alles vergibst – durch Jesus. Amen.

Jesus kam und sagte zu seinen Jüngern:
»Mir ist alle Macht im Himmel
und auf der Erde gegeben.«
Matthäus 28,18

Mord auf Befehl

• Todeszauberer, Sanguma genannt, sind wohl bis heute die gefürchtetsten Männer im Busch von Papua-Neuguinea. Durch Zauberei und andere finstere Praktiken verstehen sie es, Menschen »um die Ecke zu schaffen«. Will sich jemand rächen, wird der Sanguma damit beauftragt, die betreffende Person wegzuschaffen. Keiner weiß, wer der wirkliche Mörder ist.

Einer von ihnen hieß Maikel Gura. Als er mit der frohen Botschaft von Jesus Christus in Berührung kam, änderte sich sein Leben total. Nie zuvor hatte er von einem Gott gehört, der die Menschen so sehr liebt, dass er seinen einzigen Sohn für sie sterben ließ. Diese Nachricht hat ihn überwältigt. Er hat Jesus seine Schuld bekannt und Jesus hat einen völlig neuen Menschen aus ihm gemacht und ihn befreit aus der Macht Satans.

Auf vielen Wegen im Dschungel war er einer meiner treuesten Begleiter und guter Freund. Wohin wir auch kamen, erzählte er, wie Jesus ihn verändert hat. Oft kamen ihm dabei die Tränen. Doch dann brach es jubelnd aus ihm heraus: »… aber Jesus ist stärker als der Satan! Er hat mich frei gemacht! Ich gehöre zu ihm.«

• Erika + Georg Weißer,
Missionare in Papua-Neuguinea •

Maikel Gura

Gebet:
Danke, Jesus, dass du stärker bist als alle Menschen, die auf dieser Welt Macht haben – und dass du auch stärker bist als der Satan. Und danke, dass ich zu dir gehören darf! Ich bin stolz und froh darüber! Amen.

Aus Angst schrien die Seeleute zu ihren Göttern ...

Jona 1,5

91

• Es war vor 18 Jahren. Joachim war damals noch ein Baby. Meine Frau Regine, Schwester Erna Kastler und ich waren mit dem Nachtschiff unterwegs. Zwölf Stunden sollte die Fahrt dauern. Wir waren froh, dass wir trotz Überfüllung noch eine Kabine in der Mitte des Schiffs bekommen hatten. Es war Regenzeit und manche Teile des Landes waren überflutet. Der Fluss führte daher viel Wasser mit sich. Plötzlich wurden wir durch einen großen Lärm geweckt. Stühle fielen um, Menschen schrien wild und verzweifelt durcheinander. Die Türen der Kabinen öffneten sich von selbst. Man konnte sich kaum auf den Beinen halten. Das Schiff musste gegen hohe Wellen ankämpfen. Es stürmte und das Schiff drohte umzukippen. Die Passagiere liefen auf Deck und stritten um die Rettungsringe. Moslemische Passagiere riefen zu Allah, andere zu Bhogoban, dem Gott der Hindus.

In dieser Situation fielen mir die Seeleute ein, die mit Jona an Bord in Seenot geraten waren und die zu ihren Göttern schrien, doch ohne Erfolg.

So baten wir Jesus um Hilfe. Der Weg zum Deck war weit. Und selbst wenn wir über Bord springen würden: Was sollten wir mit Joachim tun?

Gott sei Dank: Er hat unsere Gebete gehört. Wir wurden mit den vielen Menschen an Bord vor dem Kentern bewahrt. »Danke, lieber Herr Jesus, für die wunderbare Hilfe.«

• Michael Kestner,
Missionar in Bangladesch •

Das Nachtschiff Barisal – Dhaka

Gebet:

Allmächtiger Vater, du hörst uns, wenn wir zu dir rufen!
Wir sind nie allein. Du kannst immer und überall helfen!
Gut zu wissen! Amen.

Du sollst außer mir keine andern Götter haben.

2. Mose 20,3

• Wir sind in Papua-Neuguinea. Die meisten Bewohner des Dorfes Arkosame sind Christen geworden. Alle wissen es: Im Haus des alten Kaloai liegt noch ein Geisterstein. Keiner hatte bisher den Mut gehabt, diesen Stein wegzuschaffen. Dieser gefürchtete Zauberstein und ihr neuer Herr, Jesus, irgendwie passten sie nicht zusammen. Deshalb tauchen eines Tages die Gemeindeältesten bei Kaloai auf. »Kaloai«, sagen sie, »wir alle, wir sind Christen geworden, deshalb muss der Stein weg!« – »Seid ihr von Sinnen?«, antwortet er. »Wenn wir ihn wegschaffen, dann sind wir schutzlos. Unsere Feinde zerstören unsere Gärten. Krankheit wird uns ausrotten. Wir müssen den Stein behalten, fort mit euch!«

Aber die Kirchenältesten kommen wieder. »Kaloai«, versuchen sie ihn zu überreden, »du bist doch auch Christ! Wenn du Angst hast, den Stein wegzuschaffen, dann geh, bis wir ihn weggeschafft haben, in den Dschungel!« Kaloai nimmt seinen Speer und geht. Zitternd betreten die Männer seine Hütte. Sie haben Angst. Vor ihnen liegt der Stein. Sie beten. Beherzt fasst einer vorsichtig den Stein an. Nichts geschieht! Da leuchten die Gesichter! Jetzt hinunter zum Fluss. Der Stein muss zerstört werden! »Jesus ist Sieger!«, rufen sie. Viele schließen sich den Mutigen an. Doch plötzlich zieht ein Gewitter auf, Blitze zucken, fürchterlich kracht der Donner. An einem Felsen zerschmettern sie den Stein, die Teile werfen sie ins Wasser. Trotz Blitz und Donner beten sie! Die dunklen Wolken über ihnen reißen auf, ein Lichtstrahl fällt auf sie herab – nur auf sie! Für sie alle ist es der Gruß ihres neuen Herrn. Freude packt sie. Sie wissen es: Der lebendige Gott ist mit uns! Immer wieder erzählen sie diese Geschichte.

• Karl Kalmbach,
Missionar in Papua-Neuguinea •

Der alte Kaloai

Gebet:

Herr Jesus, wir danken dir, du bist der Sieger,
der uns Kraft gibt und Frieden schenkt,
den niemand wegnehmen kann! Amen.

93

... weil du in meinen Augen kostbar bist und wertvoll und weil ich dich liebe.

Jesaja 43,4

• Eine Frau aus einer japanischen Gemeinde erzählte zu diesem Satz aus der Bibel Folgendes:

»Mein Wunsch war es schon immer, geliebt, beachtet und anerkannt zu sein. Deshalb versuchte ich das zu tun, was anderen Menschen gefallen würde, wodurch ich auffallen würde. Dabei fühlte ich mich aber nicht so wohl, weil ich doch in Wirklichkeit ganz anders war. Mit etwa 20 Jahren begann ich regelmäßig zur Kirche zu gehen. Nach drei Monaten kam eine Frau aus der Kirche auf mich zu und gab mir eine Karte, auf der der obige Vers stand. Als ich diesen Vers las, spürte ich zum ersten Mal Gottes Liebe zu mir. Ich brauche mich nicht anzustrengen, super zu sein oder beachtet zu werden. Gott liebt mich so, wie ich bin. Das hat mich ganz frei und froh gemacht. Daraufhin wurde ich Christ.«

• Michaela + Christian Vosseler, Missionare in Japan •

Gott liebt jeden Menschen so wie er ist

Gebet:

Herr Jesus, vielen Dank, dass du mich so liebst, wie ich bin. Jetzt darf ich so leben, wie du mich geschaffen hast. Bitte hilf mir dabei. Amen.

94

Ich schaue hinauf zu den Bergen.
Woher wird meine Hilfe kommen?
Meine Hilfe kommt vom HERRN,
der Himmel und Erde gemacht hat.
Psalm 121, 1-2

• Es war mir unmöglich, nach einem solchen Ereignis noch einen klaren Kopf zu behalten. Wie sollte ich das Ganze schaffen? Der Taifun Sudal hatte eine riesige Anzahl von Häusern auf unserer Insel Yap zerstört. Und nun warteten 12 große Bauprojekte auf mich. Es war einfach zu viel. Die ersten Tage versuchte ich die ganze Sache unter einen Hut zu bekommen und alles selbst zu organisieren. Doch schon bald bemerkte ich, dass es nicht funktionierte. Es musste Hilfe her.

Doch woher? Der Bibelvers aus Psalm 121, 1-2 half mir sehr, meine Gedanken in die richtige Richtung zu bringen. Sobald ich die Sache an Gott abgegeben hatte, kam Hilfe wie von selbst! Wunderbar!

Gelder von den verschiedensten Stellen kamen genau zum richtigen Zeitpunkt. Helfer und ehemalige Missionare reisten an und brachten ihre Erfahrung ein.

Und immer wieder kam mir der Gedanke: »Wenn ich das Ganze so hätte organisieren sollen … nie hätte das funktioniert!«

Ist Gott nicht größer als alle unsere Problem- und Sorgenberge?!

• Dana + Daniel Sick,
Missionare auf Yap
(Mikronesien) •

Taifun auf der Insel Yap

Gebet

Gebet:

Lieber Vater im Himmel, Sorgen und Probleme verschleiern unseren Blick. Doch wenn wir unsere Augen auf dich richten, erfahren wir Trost und Hilfe.
Vielen Dank für deine Liebe! Amen.

Bring deine Sorgen vor den HERRN,
er wird dir helfen. Er wird nicht zulassen,
dass der Gottesfürchtige stürzt und fällt.
Psalm 55,23

95

• Bangladesch ist ein sehr heißes Land: ca. 40 Grad im Schatten bei sehr hoher Luftfeuchtigkeit. Man schwitzt den ganzen Tag. Um der Hitze ein wenig entgegenzuwirken, hängt an der Zimmerdecke jeweils ein Ventilator, der ein wenig Wind gibt. Dies tut besonders gut, wenn man am Tisch beim Essen sitzt und schwitzt. Das Dumme ist: Der Ventilator funktioniert nur dann, wenn Strom verfügbar ist. Und sehr häufig wird der Strom vom »Powerhouse« (Stromversorgung) einfach abgeschaltet.

So war es auch an jenem Tag. Wir saßen alle verschwitzt am Mittagstisch und freuten uns auf den kühlen »Wind von der Decke«. Doch es kam kein Wind! Es war wieder einmal kein Strom da. Wir stöhnten und ärgerten uns über die Leute von der Stromversorgung. In Perlen lief uns der Schweiß von der Stirn.

Da plötzlich fiel uns Samuel, damals fünf Jahre alt, ins Wort. »Papa«, sagte er, »bete doch, dass die Männer den Strom schicken.« Ich war überrascht und dachte: »Ja, warum nicht? Gott kann auch das tun.« So falteten wir die Hände und baten den Herrn Jesus um Strom. Ich hatte das »Amen« noch nicht ganz ausgesprochen, da fing der Ventilator an sich zu drehen. Wir bekamen den ersehnten Wind.

Wir sahen uns gegenseitig an und staunten über diese spontane Antwort unseres Herrn. Wie beschämt war ich, als ich darüber nachdachte, dass unser kleiner Samuel dem »Missionar« (mir) sagen musste, was ich in solch einer Situation zu tun hatte.

• Heinz Mack,
Missionar in Bangladesch •

kühle Luft von der Decke

Gebet

Gebet:

Bitte, Jesus, hilf uns, in allen Dingen mit dir zu rechnen –
bis in die kleinsten Kleinigkeiten. Danke, großer Gott,
dass du nicht nur für die großen Dinge zuständig bist.
Es ist so gut, mit dir zu leben! Amen.

Bananen-Haferflocken-Cookies

Mmh, lecker!

»Essen wie in Mikronesien«

Süße Leckereien aus dem »Land der 1000 Inseln«.

Bananen-Haferflocken-Cookies

180 g Margarine

150 g Zucker

1 P. Vanillezucker

2 zerdrückte Bananen

1 $^1/_2$ Tassen Haferflocken

$^1/_2$ Tasse Nüsse oder Schokostücke   alles gut verrühren

Muskatnüsse

200 g Mehl

1 TL Salz

$^1/_2$ TL Backpulver

$^3/_4$ TL Zimt

$^1/_2$ TL Muskat

dazugeben und gut vermischen.

Die Masse in kleinen Häufchen auf ein mit Backpapier ausgelegtes Blech setzen. Bei 200 °C 10 bis 15 Minuten backen.

• Bärbel Betz + Dorothea Rauchholz,
Missionarinnen auf Chuuk (Mikronesien) •

gebratene Bananen

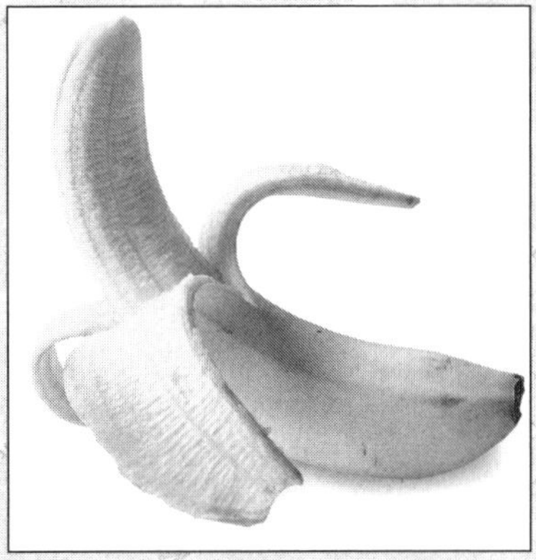

Gebratene Bananen

Bananen

1 Tasse Mehl

1/2 Tasse Zucker

1 TL Vanillezucker

Wasser

Aus Mehl, Zucker und Wasser einen dünnflüssigen Teig anrühren (Beschaffenheit wie Pfannkuchenteig). Bananen der Länge nach halbieren (evtl. auch noch quer, dann haben sie die Größe der palauischen Bananen), aus der Schale in den Teig drücken, mit einem Löffel herausfischen und in Fett ausbacken (in Palau verwendet man schwimmendes Öl). Die Bananen schmecken warm am besten!

• Daniel + Dana Sick,
Missionare auf Yap (Mikronesien) •

Einfach mal ausprobieren!

96

In allem, was wir tun, sind wir Diener Gottes.
2. Korinther 6,4

1914 las ich in einer australischen Zeitung folgende Geschichte:

• Der Pastor einer Kleinstadt musste eines Tages den Zaun um sein Grundstück ausbessern. Dabei beobachtete ihn der kleine Sohn des Nachbarn. Lange schaute er zu, als ob er auf etwas Bestimmtes warten würde.

Der Pastor fragte ihn: »Na, du willst wohl die Zimmermannsarbeit kennen lernen?« – »Nein!«, sagte der, »ich will bloß hören, was ein Pastor sagt, wenn er sich auf den Daumen haut.«

So war das bei uns auch. Die Einheimischen von Manus sind scharfe Beobachter und Beurteiler. So wurde jede praktische Arbeit zu einer Möglichkeit, ihnen zu zeigen, dass wir Gottes Kinder sind.

• Herrmann Kraft,
Missionar auf Manus (Papua-Neuguinea) •

Pass auf Deinen Daumen auf!

Gebet

Gebet:
Himmlischer Vater, bitte hilf uns heute so zu handeln, dass wir dir Ehre machen. Gib uns die Kraft dazu, Gutes zu tun. Halte uns davon ab, Dinge zu tun, die von dir ablenken. Amen.

Ihm sollt ihr durch euren festen Glauben widerstehen.
1. Petrus 5,9

97

• Ich rufe: »Paul, Senis, John – schnell, eine Schlange!« »Da, da!« Paul will die Schlange mit den bloßen Händen fangen; aber Senis wartet nicht, er schlägt zu. Die Schlange verlässt ihr Versteck. Paul packt am Kopf zu. Die Schlange ist stark, halb entwindet sie sich seinem Griff. Sie will beißen, aber Paul lässt nicht mehr los. Er drückt ihr das Maul auf. »Senis, brich ihr die Zähne!« Mit seinem Buschmesser reißt Senis der Mörderin die scharfen Zähne ab. Mit der noch lebenden Schlange laufen sie los. »Lasst sie bloß nicht entkommen!«, rufe ich ihnen nach.

Eine halbe Stunde später sehe ich, wie Senis den zerteilten Schlangenleib räuchert. »Was soll das?«, frage ich. »Wollt ihr sie essen?« – »Nein, was denkst du, das brate ich für unsere Schweine!«

Die Glocke läutet zum Abendgottesdienst. Wir singen, beten und hören auf Gottes Wort.

Später will ich noch wissen, wie den Schweinen die Schlange geschmeckt hat. »Sorry tru«, bekomme ich zur Antwort, »mipela kam bek na ol dog i stilim na kaikaim pinis. Pig i nogat nau, sorry tru!« (Tut uns leid, aber als wir vom Gottesdienst zurückkamen, hatten die Hunde bereits das Schlangenfleisch gestohlen und die Schweine gingen leider leer aus!)

• Karl Kalmbach,
Missionar in
Papua-Neuguinea •

Die Schlange mit dem großen Maul

Gebet:

Herr Jesus, wenn wir gegen das Böse kämpfen müssen, dann hilf uns, dass wir richtig kämpfen und nicht wie Feiglinge davonlaufen. Amen.

98

Gott sagte zu Jakob:
»Ich werde bei dir sein und dich beschützen, wo du auch hingehst.«

1. Mose 28,15

• Das war ein nötiges und ermutigendes Wort für Jakob. Er musste seine Familie und seine Heimat verlassen und war allein auf der Reise zu seinen Verwandten. Es war eine gefährliche Reise. Er war ganz dem Wetter, bösen Menschen und Feinden ausgeliefert.

Brauchen alle Menschen einen Schutz, wie Jakob ihn brauchte?

Die Japaner, unter denen wir leben, wünschen sich einen solchen Schutz. Sie gehen in den Tempel und kaufen dort einen Talisman, der sie beschützen soll. Japanische Kinder haben Angst vor Bären und bösen Erwachsenen, die sie auf dem Heimweg belästigen. Eine japanische Sportlerin hat Angst vor einem Unfall bei irgendwelchen Wettkämpfen. Ein japanischer Vater, der viel mit dem Auto unterwegs ist, hat Angst vor einem Verkehrsunfall.

Doch in Wirklichkeit können ein Talisman oder ein Götze nicht helfen, weil sie gar nicht leben, sondern tot sind. Gott aber lebt und will uns beschützen.

• Michaela + Christian Vosseler,
Missionare in Japan •

Japanisches Auto mit Talisman

Gebet:

Lieber Vater, auch heute brauche ich deinen Schutz.
Sei bitte bei mir und bewahre mich. Danke,
dass du versprochen hast, auf mich aufzupassen. Amen.

99

Himmel und Erde werden vergehen, doch meine Worte bleiben ewig.
Matthäus 24,35

• Am 22. Januar 1928 wurde die große Kirche mitten im Dorf Loniu eingeweiht. Kurze Zeit vorher hatten die stolzen Bewohner von Loniu nur Spott und Ablehnung für die Christen gehabt.

Nun aber war die Bahn frei für die Dörfer an der Südküste von Manus. Ein schwerer Kampf begann. Viele Einheimische in den Dörfern wollten sich von den schrecklichen, heidnischen Gewohnheiten nicht trennen. Doch die Worte der Bibel wirkten tief in den Herzen der Menschen.

Ein alter Kannibale meinte: »Dieses Wort können wir nicht ins Wasser werfen, um es los zu sein. Es wird wachsen wie eine Palme im Urwald.«

Einige Zeit später sendeten die Missionare einen Bericht nach Deutschland: »Die Südseeküste ruft. Die Arbeit breitet sich immer mehr aus. Wir brauchen dringend weitere Hilfskräfte!«

Es stimmt: Das Wort Gottes wächst wie eine Palme im Urwald.

• Heinrich Hertel, ehem. Missionsinspektor der Liebenzeller Mission •

Kirche in Manus um 1930

Gebet:

Danke, Jesus, für deine Worte. Sie bleiben ewig und wirken immer. Bitte hör nicht auf, zu uns zu reden. Sprich auch heute zu uns. Amen.

100

Doch ich gehöre noch immer zu dir,
du hältst meine rechte Hand.
Psalm 73,23

• Vor unserem Haus in Papua-Neuguinea stand die Gesandtschaft eines Dorfes. Das Dorf lag weit weg auf der anderen Seite der Gebirgskette, die uns von der Küste trennt. Christen aus unseren Gemeinden hatten sie besucht und ihnen von Jesus erzählt. Nun baten sie um einen weiteren Besuch von uns. Sie wollten mehr von »diesem Jesus« hören, der die Menschen in unserer Gegend so verändert hat. Sie wollten neue Menschen werden.

Ich versprach ihnen zu kommen. Sobald es möglich war, organisierten wir eine Expedition in dieses Gebiet. Unser Weg führte uns auf kleinen Urwaldpfaden bergauf, bergab. Über steil abfallende Gebirgsgrate und an Flusstälern entlang. Für einige Zeit mussten wir einer schmalen Felsklippe folgen. Jemand hatte an der gefährlichsten Stelle einen Strick aus Lianen angebracht. Ich war dankbar für diese Hilfe. Ich hielt mich allerdings nur leicht daran fest und sah das Seil mehr als eine moralische Stütze an. Plötzlich gab das Seil gerade an der gefährlichsten Stelle leicht nach. Ich kam für einen Augenblick ins Wanken. Moses, mein Begleiter, war hinter mir. Blitzschnell griff er nach dem Seil und gab mir dadurch wieder Halt.

Schweigend kletterten wir weiter. Als wir nach dem Abstieg im Flusstal ankamen, ließ Moses seinen Tränen freien Lauf. Auf meine Frage hin erzählte er mir, dass genau an dieser Stelle vor einigen Jahren ein Regierungsbeamter abgestürzt war.

Moses sagte dann: »Ich musste an deine Frau und deine zwei kleinen Kinder denken, wenn ich ohne dich heimgekommen wäre. Das war der Grund meiner Tränen.«

Wir saßen am Flussbett und hielten eine Lob- und Dankstunde für unseren Herrn.

Ja, für mich war Moses die Hand des Herrn gewesen, die mich festhielt.

Missionar Volz unterwegs im Urwald

• Dieter Volz, Missionar in Papua-Neuguinea •

Gebet:
Danke, Herr, dass du immer bei mir bist und mich festhältst. Amen.

Gesegnet sind diejenigen, die vorbereitet sind und seine Rückkehr erwarten.

Lukas 12,37

• Naowai war ein eifriger Schüler in unserer Missionsschule. Sein Heimatdorf war mehr als eine Stunde entfernt. Für die Kinder, die von weit her kamen, hatten wir auf der Missionsstation ein Schlafhaus gebaut. Wenn ihnen der tägliche Schulweg zu weit war, konnten sie die Woche über dort bleiben. Allerdings mussten sie sich selbst versorgen und sich auch ihr eigenes Feuerholz zum Kochen besorgen.

Manchmal ging Naowai nach dem Unterricht mit seinen Freunden nach Hause, besonders wenn die mitgebrachten Feldfrüchte knapp wurden.

Eines Morgens kamen sie trotz des langen Fußmarschs in auffallend guter Stimmung in der Schule an. Was war geschehen? Aufgeregt erzählten sie, dass auf halber Strecke am Wegrand eine Person gelegen hatte. »Wer ist das? Was ist geschehen?« Als sie näher kamen, merkten sie: Es war Naowai. Er schlief tief und selig. Sie weckten ihn. Naowai rieb sich die Augen und sah sich um. Er wusste nicht so recht, wo er war. Doch plötzlich erinnerte er sich. Er begann zu erzählen:

»Ich bin aufgewacht und dachte, ich hätte verschlafen. Ich stand auf und machte mich auf den Weg zur Schule. Ich wollte auf keinen Fall zu spät kommen. Als ich einen Teil des Weges zurückgelegt hatte, merkte ich plötzlich, dass etwas nicht stimmte. Ich schaute zum Himmel und stellte mit Entsetzen fest, dass ich den Mond mit der Sonne verwechselt hatte.« Es war eine der glockenhellen Vollmondnächte gewesen, wie man sie nur auf der südlichen Hälfte unserer Erdkugel erleben kann. Daraufhin legte er sich einfach an den Wegrand und schlief weiter, bis seine Kollegen kamen.

Als die Kinder das in der Klasse erzählten, nutzte ich die Gelegenheit. Ich erzählte ihnen von der Wichtigkeit, wachsam zu sein und auf die Wiederkunft von Jesus zu warten.

• Dieter Volz, Missionar in Papua-Neuguinea •

Gebet:

Herr Jesus, halte mich in der täglichen Bereitschaft auf dein Kommen. Amen.

Hier auf der Erde werdet ihr viel Schweres erleben. Aber habt Mut, denn ich habe die Welt überwunden.

Johannes 16,33b

102

• Ich war unterwegs in den sumpfigen Niederungen des Sepikflusses in Papua-Neuguinea. Mit einem einmotorigen Flugzeug landeten wir auf einem nassen Landestreifen am Ufer des Flusses.

Da standen wir nun und warteten auf einen einheimischen Christen, der uns im Motorboot abholen sollte. Die lange Zeit des Wartens füllten wir mit einer lebhaften Tätigkeit: Wir schlugen um uns, um die vielen Moskitos abzuwehren.

Dann ertönte in der Ferne das Tuckern eines Außenbordmotors. Als das Boot sichtbar wurde, erschrak ich. Es war kein normales Motorboot, sondern ein ausgehöhlter Baumstamm – sehr schmal. Ich wusste sofort, dass ich – milde ausgedrückt: vollschlank – die größte Mühe haben würde, darin für lange Zeit zu sitzen. Es würde eine sehr wacklige Sache werden …

Der Sepik-Fluss von oben

Die Fahrt hielt mich in Atem! Neben den Schmerzen in den Knien musste ich vor Angst schwitzen. Von den Berichten der Missionare wusste ich, dass sich im Sepikfluss eine Menge Krokodile tummeln.

Plötzlich bog der Einbaum nach links zum Ufer ab – der Handgriff am Außenbordmotor war gebrochen. Zum Reparieren war es unumgänglich, ans Ufer zu gehen … Und Krokodile sonnen sich gerne im heißen Lehm am Strand …

Wer würde zuerst ans Ufer gehen? Ich? Ich hatte einfach nur Angst.

In diese Gedanken hinein sagte plötzlich der Mann am Steuer: »Don't be afraid, Jesus is with us!« (Habt keine Angst, Jesus ist bei uns!). Er hatte wohl die Schweißtropfen und die Furcht auf meinem Gesicht gesehen und wollte dem ängstlichen Missionsleiter Mut machen …

• Ernst Vatter, Missionar in Japan und ehem. Missionsdirektor der Liebenzeller Mission •

Gebet:

Jesus, es gibt so viele Dinge, die uns Angst machen.
Bitte nimm uns unsere Angst und lass unser Vertrauen
in dich wachsen. Bitte! Amen.

103

All denen aber, die ihn aufnahmen und an seinen Namen glaubten, gab er das Recht, Gottes Kinder zu werden.
Johannes 1,12

• Ich saß Annie, einem 12-jährigen Waisenkind, gegenüber. Sie hatte früh beide Eltern durch die Krankheit Aids verloren. Schlimmes hatte sie erleben müssen.

Doch lassen wir sie selbst erzählen:

»Nach dem Tod meiner Eltern wurde ich zu meiner Großmutter gebracht. Sie war nicht gut zu mir. Schon wegen kleiner Vergehen schlug sie mich erbarmungslos. Tagelang gab sie mir kein Essen. In meiner Not ging ich oft in andere Häuser und bat um Nahrung. Doch meine Großmutter holte mich zurück. Daheim fesselte sie mich dann und schlug mit einem Kabel brutal auf mich ein. Davon trage ich heute noch Narben.«

Waisenkinder aus Sambia

Die Hilfe kam durch eine Tante. Sie brachte Annie zu ihrem Großvater. Er war zwar gut zu ihr, aber sehr arm. So musste Annie auf der Straße Teigtaschen verkaufen.

Eines Tages erzählte ihr eine Frau von einem Waisenhaus. Dort angekommen, wurde sie gut versorgt. Am Ende des Gespräches fragte ich sie: »Annie, was ist dein größter Wunsch?«

Zu unserem großen Erstaunen antwortete sie: »Ich möchte ein Kind von Gott sein!« Ich konnte nicht glauben, dass sie wusste, was das bedeutet. So erklärte ich ihr, warum Jesus auf die Erde gekommen war. Danach sagte Annie ihren Wunsch auch Gott – sie betete zum ersten Mal in ihrem Leben.

Und Gott hat ihren größten Wunsch erfüllt. Annie bestätigte uns: »Ich bin nun ein Kind Gottes!«

Ihr himmlischer Vater wird sie nie alleine lassen. Welch ein Trost für ein Waisenkind!

• Schwester Hedwig Müller,
Missionarin in Sambia •

Gebet

Gebet:

Lieber Vater im Himmel, ich danke dir, dass wir deine Kinder sein dürfen. Das macht uns sehr froh und stolz. Du bist mein Schöpfer. Und du bist mein Vater – durch Jesus. Danke! Amen.

Jedes Mal sagte er: »Meine Gnade ist alles, was du brauchst. Meine Kraft zeigt sich in deiner Schwäche.« Und nun bin ich zufrieden mit meiner Schwäche, damit die Kraft von Christus durch mich wirken kann.

2. Korinther 12,9

104

• Marian ist die Mutter eines muskelschwachen Kindes und gleichzeitig meine beste Freundin in Taiwan. Katharina, ihre Tochter, ist so alt wie unser Daniel. Er ging mit ihr in den Kindergarten, mit dem Unterschied: Katharina kann nicht laufen! Sie muss 24 Stunden jeden Tag von ihrer Mutter betreut werden. Nachts muss die Mutter sie 8- bis 12-mal drehen, denn selbst für so eine Aufgabe hat Katharina keine Kraft. Tagsüber muss die Mutter sie überallhin begleiten, auch in den Kindergarten.

Kann man angesichts einer solchen Situation noch froh sein? Wo ist Gott? Warum heilt er Katharina nicht? Diese Fragen hat Marian, die Mutter, mir auch gestellt.

Das ist Katharina

Doch auf manche Fragen findet man keine Antwort. Sie, die einzige Christin innerhalb ihrer Familie mit acht Geschwistern, bekommt ein krankes Kind. Warum?

Doch wie sie ihr Leid trägt und wie sie trotzdem ein frohes Leben führt, das hat schon viele Frauen in ihrer Umgebung beeindruckt. Einige Frauen kamen nur deshalb zu unserem Frauengesprächskreis, weil sie durch Marian sehen und erleben konnten, wie Gott im Leid hilft.

Für Marian ist der oben stehende Satz aus der Bibel ganz spürbar geworden. Sie erlebt jeden Tag die Kraft Gottes. So ist sie zum Vorbild für mich geworden – und auch für die Frauen und Leute in ihrer Umgebung.

• Erika Volz, Missionarin in Taiwan •

Gebet:

Es gibt so viele Dinge, Vater, die wir nicht verstehen.
Wir bitten dich, dass du uns in allen Situationen unseres Lebens genügend Kraft gibst. Auch für heute! Danke!
Amen.

Familie Volz

105

Ich bin der Herr, dein Gott, der dich lehrt, was dir nützt und dir den Weg zeigt, den du gehen sollst.

Jesaja 48,17

Sonntagnachmittag, 15:00 Uhr.

• Es wimmelt von Menschen auf der »Ginza«, der Hauptgeschäftsstraße Tokios. Mitten in einer großen Kreuzung regelt ein Polizist den nicht abreißenden Verkehr.

Und ich junger, unerfahrener Missionar stehe völlig hilflos mit einem Zettelchen an der Straßenecke und suche verzweifelt das »Haus der Bibelgesellschaft«. Die vielen Hinweisschilder kann ich nicht lesen. Wen soll ich nach dem Weg fragen?

Wo habe ich nur den Mut dafür hergenommen? Schnurstracks gehe ich auf den Schutzmann zu und frage genau ihn. Eine Schimpfkanonade hätte über mich ergehen müssen. Was fällt diesem frechen »Gaijin« (abfällige Bezeichnung für Ausländer) ein?

Aber was geschieht?

Der Polizist überlässt augenblicklich die Kreuzung und damit den dichten Verkehr seinem eigenen Schicksal, nimmt mich geradezu an der Hand und geht den ganzen Weg mit mir bis zu meinem Ziel.

Ein Bild für Jesus:

Er zeigt nicht nur die Richtung. Er nimmt dich und mich an der Hand und führt uns auf dem von ihm selbst gebahnten Weg bis zu seinem Vater. Dort gehören wir hin, dort will er alle Menschen haben!

Danke, Herr Jesus.

• Traugott Ockert,
Missionar in Japan •

Straßenszene in Japan

Gebet:

Jeden Schritt und jeden Tritt,
geh´ du, lieber Heiland, mit.
Gehe mit mir ein und aus.
Führe du mich selbst nach Haus. Amen.

106

Trennt euch von euren Verfehlungen, die ihr begangen habt, und erneuert eure Herzen und euren Geist.

Hesekiel 18,31

• Vor einer Weile waren wir in Bangladesch zu einem besonderen Empfang eingeladen. Wir hatten uns hübsch angezogen. Mir fehlten nur noch die guten und schönen Sandalen. Ein Blick ins Regal – und ich erschrak. Was war denn hier los? Viele kleine weiße Körner lagen, wie Sand verstreut, auf dem Regalboden. Als ich die Sache genauer betrachtete, entdeckte ich große Löcher in der Sohle meiner Sandalen. Wieder einmal hatten die Kakerlaken gute Arbeit geleistet. Von den schönen Sandalen war nur noch das Oberleder vorhanden sowie die Außenhülle der Sohle und des Absatzes.

Dieses Bild wurde mir zum Gleichnis.

Wie die Kakerlaken meine Schuhe »durchlöcherten«, so können uns Verletzungen, Neid, Hass und Schuld aushöhlen.

Und wie »durchlöcherte« Schuhe eine neue Sohle brauchen, so brauchen wir Vergebung und ein neues Herz. Wir brauchen Jesus, der uns vergibt und uns hilft Gutes zu denken. Durch seinen heiligen Geist will er uns die Kraft dafür schenken. Denn alleine schaffen wir dies nicht.

• Regine Kestner, Missionarin in Bangladesch •

unerwünschte Besucher

Gebet

Gebet:

Herr Jesus, mache mein Leben neu! Bitte! Amen.

107

**Sei allen Gläubigen ein Vorbild in dem,
was du lehrst, wie du lebst, in der Liebe,
im Glauben und in der Reinheit.**

1. Timotheus 4,12

• Von einem etwa 23 Jahre alten Christen von der Insel Pitilu erhielt ich folgenden Brief:

»Lehrer, diese Worte kommen zu dir; ich habe sie geschrieben. Du bist fortgegangen in deine Heimat. Ich konnte dir zum Abschied nicht mehr die Hand geben. Ich mag dich sehr. Ich weine und mag auch deine Missis (Frau). Immer denke ich an euch beide. Ich bete für euch, und viele andere beten auch für euch.

Lehrer, wenn du gesungen hast, habe ich mich über dein Singen sehr gefreut. Es ist gut gewesen, Lehrer, dass du mich getauft hast. Darüber freue ich mich sehr. Seid so gut, ihr beiden, und betet zu Jesus, dass er mir hilft. *Ich möchte gern ein Vorbild sein für alle Menschen.* Wenn Jesus mir hilft, kann ich so von einem Platz zum anderen gehen und die Botschaft von Jesus zu den Menschen bringen, wie die Jünger von Jesus das früher auch getan haben.

Meine Worte sind fertig.

Dein Joseph

Pitilu, 2. Juni 1929«

• Friedrich Doepke, Missionar
auf Manus (Papua-Neuguinea) •

Gebet:

Herr, so viele Menschen kennen dich noch nicht. Verändere uns, damit wir Vorbilder für alle Menschen werden. Sie sollen an uns sehen, wer du bist. Amen.

108

Jesus benutzte stets Gleichnisse und Bilder, wenn er zu den Menschen sprach, er sprach nie zu ihnen, ohne solche Vergleiche zu verwenden.

Matthäus 13,34

• Bei einem der ersten Gottesdienste, die wir in Papua-Neuguinea erlebten, hat ein Mann folgendes Gleichnis aus seinem Leben erzählt. Versucht einmal die Bedeutung herauszufinden, bevor ihr die Erklärung unten lest!

»Ihr wißt, dass ich Zucker sehr mag. Ich würde nie Tee ohne Zucker trinken. Deshalb habe ich mir Zuckerrohr gepflanzt. Doch der Wind hat mein Zuckerrohr umgeknickt. Als ich in den Garten kam, war es zerbrochen. Darüber war ich sehr traurig. Was sollte ich tun? Ich dachte nach – dann ging ich in den Busch und schnitt mir einen festen Stock. Den habe ich ganz nah neben meinem Zuckerrohr in den Boden gerammt. Daran habe ich das Zuckerrohr mit einer Schnur unten festgebunden, an der Stelle, wo es der Wind gebrochen hatte. Außerdem habe ich es in der Mitte festgebunden und noch einmal ganz oben, wo die jungen Blätter sprießen. Als ich etwas später wieder in den Garten kam, wuchs das Zuckerrohr wieder. Ich möchte mich bei euch allen bedanken, dass ihr mir vergebt und mich wieder in die Gemeinde aufnehmt.«

Nun – was sollte diese Geschichte? Keine Ahnung? Hier die Auflösung: Das Zuckerrohr steht für den Mann selbst. Er war in Sünde gefallen, der Feind (Wind) hatte ihn zu Fall gebracht. Da hatte ihn ein anderer Christ besucht und ihm Jesus wichtig gemacht (ihn neben ihn gestellt). Er hatte mit ihm um Vergebung gebetet (die erste Schnur an der Bruchstelle), hatte mit ihm in der Bibel gelesen (die zweite Schnur) und ihn schließlich wieder zur Gemeinde zurückgebracht (die dritte Schnur).

• René Bredow, Missionar in Papua-Neuguinea •

Gebet

Gebet:

Barmherziger Gott und Vater, danke, dass wir mit unserem Versagen zu dir kommen dürfen, und danke für die Mitchristen, die uns zu dir zurückbringen. Amen.

Liebe Freunde, lasst uns einander lieben,
denn die Liebe kommt von Gott.
Gottes Liebe zu uns zeigt sich darin,
dass er seinen einzigen Sohn
in die Welt sandte, damit wir durch ihn
das ewige Leben haben.
Liebe Freunde, weil Gott uns
so sehr geliebt hat, sollen wir auch
einander lieben.

1. Johannes 4, 7.9.11

109

• Fest umfasst sie die Reling des Dampfers und lässt den Seewind über ihr Gesicht blasen. In der Ferne ist bereits die Küste Chinas zu sehen.

Lange hat sich Irene Kunst auf ihren Beruf als Missionarin in China vorbereitet.

Und jetzt, im Herbst 1904, ist es soweit; mit 35 Jahren sollte sie nun erstmals das Land betreten. Wie wird alles werden? Werde ich die Sprache schnell erlernen können? Und werden sie auch verstehen, was ich ihnen von Jesus sage?

Schwester Irene Kunst um 1900

Das Schiff nähert sich den Hafenanlagen. Schon kann Irene das emsige Treiben unzähliger Menschen auf dem Landesteg erkennen. Es wimmelt von Lastenträgern, »Kulis« genannt. Braun gebrannte Männer, schmutzverschmierte Gesichter, dazu fremde Gerüche und der ungewohnte Klang der Sprache … Plötzlich empfindet Irene Angst und Ekel und wendet sich ab.

»Lieber möchte ich wieder umkehren, als mich mit solch schmuddeligen Menschen abgeben zu müssen!«, denkt sie. Doch da berührt Gott ihr Herz.

Sie fragt sich: »Warum bin ich hier?« Antwort: Weil Jesus mich zu diesen Menschen gesandt hat. »Und warum hat er das getan?« Antwort: Weil er sie so sehr liebt, dass er für sie gestorben ist. Mit einem Mal spürt Irene, wie diese Liebe von Gott auch ihr Herz erfüllt. Sie kann sich wieder hinwenden zu den Chinesen. Und sie möchte möglichst schnell die Sprache lernen, um ihnen von Jesus zu erzählen.

Später, nachdem sie sehr viele Jahre in China gewesen ist, schreibt sie:

»Sie haben uns im Lauf der Jahre bedroht und beraubt, unsere Missionsstation zerstört und abgebrannt, unsere Kleider und Betten zerrissen; aber ich konnte sie lieben!«

• Martin Meyer über Schwester Irene Kunst, Missionarin in China •

Gebet

Gebet:

Bitte, Vater, gib uns deine Liebe ins Herz. Hilf uns, alle Menschen zu lieben – egal wie sie sind und was sie tun. Segne uns. Amen.

Siehe, der Israel behütet,
wird nicht müde und schläft nicht.
Psalm 121,4

110

Heimfahrt

• Müde vom langen Flug kam ich in Sambia an. Ich wollte so schnell wie möglich nach Hause. Meine Frau und Kinder warteten auf mich. Mit einem Nachtbus ging es Richtung Heimat. Alle Passagiere schlummerten vor sich hin. Doch dann hörte ich plötzlich laute Rufe: »Lastwagen!«

In der Dämmerung konnte ich einen unbeleuchteten Lastwagen vor uns erkennen. Dann riefen die Leute vor mir nochmals: »Lastwagen!«

In letzter Minute reagierte der schlummernde Busfahrer. Er riss das Steuer herum. Die Gefahr schien gebannt zu sein. Doch dann schauten wir direkt in die Lichter eines anderen Busses. Reifen quietschten und ich sah uns schon in Gedanken auf den Bus prallen. In letzter Sekunde steuerte der Fahrer den Bus in den Busch. Wir waren gerettet.

Ich bin froh, dass mein Gott, der über unser Leben wacht, niemals schläft noch schlummert.

• Andrea + Cornelius Grupp,
Missionare in Sambia •

Straßenszene in Sambia

Gebet:

Danke, lieber Vater, dass du über unser Leben wachst und dabei niemals müde wirst. In deiner Hand sind wir sicher. Nichts kann uns trennen von deiner Liebe. Nicht einmal Unglücke, Krankheiten und Tod. Darauf passt du auf. Amen.

111

**Wie kann ein junger Mensch
in seinem Leben rein von Schuld bleiben?
Indem er sich an dein Wort
hält und es befolgt.**

Psalm 119,9

• Eigentlich passte er durch sein Alter gar nicht dazu. Mitten in der Kinderstunde (»Kidsclub«) saß der große, schlaksige, 17-jährige Niuman da und hörte aufmerksam auf die biblischen Geschichten. Wir freuten uns, wenn er kam. Dann wieder hörte man wochenlang nichts mehr von ihm.

Manchmal kam er zu unserem Haus, half ein wenig im Garten und spielte mit David, unserem jüngsten Sohn. Die beiden verstanden sich prächtig. Dann war wieder Sendepause.

An einem Nachmittag, ich kam gerade aus dem Postamt, stand Niuman plötzlich strahlend vor mir. Er lächelte, als er mir erzählte, dass er gemeinsam mit Freunden die Nacht im Gefängnis verbracht hatte und nun wieder frei sei. Der Schreck saß ihm noch in den Gliedern und die Erleichterung war ihm anzusehen. Wenn er sich nur für die Freiheit mit Jesus entscheiden würde!

Der Kidsclub in Port Moresby

Es verging wieder einige Zeit. Da tauchte er plötzlich wieder beim »Kidsclub« auf und begrüßte mich. Er hatte starken Husten und sah nicht gut aus. Ich wechselte ein paar Worte mit ihm und wünschte ihm gute Besserung – und schon war er wieder verschwunden.

Es vergingen Wochen, bis ich wieder von ihm hörte. Es war eine schreckliche Nachricht. Niuman war im Krankenhaus an den Folgen von Tuberkulose und Malaria gestorben. Ich konnte es nicht fassen. Ob er noch Ernst gemacht hat mit Jesus?

• Elisabeth Bredow,
Missionarin in Papua-Neuguinea •

Gebet:

Herr Jesus, unser Leben kommt von dir und wird von dir erhalten. Danke dafür. Bewahre uns davor, auf falsche Freunde reinzufallen. Amen.

Familie Bredow

Sing und spring hoch hinaus

Originaltitel: Singim Glory

Text und Melodie:
aus Papua-Neuguinea/Australien
Deutsch: Armin Jans

3. Sing und geh weit hinaus ...

© (Deutscher Text) 2004 Hänssler Verlag, D-71087 Holzgerlingen

Thematisches Stichwortverzeichnis

Bibelstellen-Verzeichnis Andachtsbuch

hänssler

Armin Jans

Wo in aller Welt gibts so was?

CD, Nr. 099.921

Ein Kindermissionar und Liedermacher in einem (CD »Voll genial«): Armin Jans hat immer einen Rekorder mit im Gepäck. Rund um den Globus hat er die Kinderstimmen eingefangen. Wieder zu Hause besucht er ein High-Tech-Studio. Dort feilt er – zusammen mit einem deutschen Kinderchor – an den Liedern, bis sie ihm gefallen. Das Ergebnis lässt sich hören: »Wo in aller Welt gibts so was?«

Voll genial, was Armin Jans macht mit seinen Liedern aus neun Ländern, den Liebenzeller Kindern und den Musikern Ingmar Löffler und Benjamin Nagy. Mit ihrem Blick über den musikalischen Tellerrand liefern sie hierzulande bisher ungehörte Lieder und öffnen den Blick für die Weltmission.

Und wer dann selber singen will? Kein Problem: Playbacks und Noten aus dem CD-Heft werden mitgeliefert.

- Kinderlieder aus fremden Ländern
- Deutsche Texte und Playbacks zum Mitsingen
- CD-Heft mit den Noten und Gitarrengriffen der Lieder
- Besonders günstiger Preis
- Benefiz-CD: Mit dem Kauf der CD unterstützen Sie ein Aidswaisen-Projekt in Afrika

Bitte fragen Sie in Ihrer Buchhandlung nach dieser CD!
Oder schreiben Sie an: Hänssler Verlag GmbH & Co. KG, D-71087 Holzgerlingen.

vlm
VERLAG DER
LIEBENZELLER
MISSION

Lothar Käser

Licht in der Südsee

Wilhelm Friedrich & Elisabeth Kärcher

Leben und Werk
eines Liebenzeller Missionsehepaares
Bestell-Nr. 549 188
ISBN 3-921113-88-1
344 Seiten, Hardcover
€ 13,95

Das Leben von Missionarinnen und Missionaren verläuft selten geradlinig und geruhsam. Wer Menschen mit den Inhalten der Bibel bekannt machen und sie zur Erkenntnis der Wahrheit des Evangeliums von Jesus Christus führen will, muss sich auf einiges gefasst machen. Kaum jemand kann sich vorstellen, was es für ihn bedeutet, den vertrauten europäisch-westlichen Kulturkreis zu verlassen und zu lernen, in einer fremden Gesellschaftsform zu leben, ihre Sprache und ihre so ganz anderen Denkformen zu lernen und sich damit zu identifizieren. Was Missionare dabei erleben, erfahren sie vielfach als Lebenserfüllung. Manchmal geraten sie dabei zwischen die Fronten der Weltpolitik. Dann passieren die unglaublichsten Dinge, wie die Lebensgeschichte des Liebenzeller Missionarsehepaars Wilhelm Friedrich und Elisabeth Kärcher zeigt.

Sie reisen in den dreißiger Jahren des vergangenen Jahrhunderts nach Chuuk in Mikronesien aus, eine Inselgruppe der Karolinen in der früheren deutschen Südsee. Als der Zweite Weltkrieg ausbricht, wird die Familie von den Japanern interniert, überlebt auf geradezu wunderbare Weise mitten im Bombenhagel und baut danach unter schwierigsten Bedingungen und großen persönlichen Opfern eine völlig zerstörte Gemeindestruktur wieder auf, die dann in den siebziger Jahren als »Evangelical Church of Chuuk« (ECC) selbstständig wurde.

Mit dem Finger auf der Landkarte ...

... da war ich schon in fast jedem Land. Ihr auch?

Auf dieser Weltkarte findet ihr alle Länder,
in denen die berichteten Erlebnisse spielen.

Also: jedes Mal beim Lesen die Landkarte aufschlagen!
Wer das Land zuerst findet, hat gewonnen :-) !

Und noch etwas:
Ihr könnt jedes Land täglich besuchen, ...
indem ihr für die Einwohner und Missionare betet.

Gute Reise!

Kanada
Spanien
Liberia

kei
Russland
Japan
China
Taiwan
Mikro-
nesien
Burundi
Tansania
Malawi
Sambia
Bangladesch
Papua-
Neu-
guinea